JN037422

自治体の
課税担当に
なったら読む本

清原茂史
原田知典

[著]

学陽書房

はじめに

「課税課　資産税係勤務を命ずる」

　私が市役所に入庁したとき、最初に受けた辞令です。「役所の仕事っぽいなぁ」と感じるくらいで、何をするのかまったくピンと来なかったわけですが、この後課税業務の奥深さを知ることになります。

　税務部門配属の辞令をもらった皆さんは、どのように感じられたでしょうか。税務課といえば自分の生活にも直結して、勉強にもなるということで、配属されたい人気の部署だという自治体もあると聞きます。一方で、「クレームが多そうで嫌だなぁ」と思われたり、「窓口業務が多くて大変そう」と不安に思われたりする向きもあるようです。
　そんな皆さんのために、これから業務を担うにあたっての基礎知識や、ちょっとしたアドバイスをお届けしたいと思います。

　今、「税務」という言葉と「課税」という言葉が出てきましたが、税務は大きく「課税」と「徴収」（収納）の2つの業務で成り立っています（詳しくは第1章で触れます）。本書はこのうち「課税」業務を担う方に向けた内容になっています。（「徴収」業務については既に刊行されている『地方税の徴収担当になったら読む本』などをお読みください。）

　さて、今ははじめて課税業務に取り組まれる方に向けて話しかけましたが、既に課税業務を行っている方はどのような思いをもっておられるでしょうか。私といえば、最初の1年間は何をやっているのかわからないまま終わってしまったという印象があり、マニュアルや解説書はあっても、業務を始めて間もない人が読んで理解できるものはなかなかないという思いを持っていました。

　そこで、はじめて課税業務をされる方に向けた内容を1冊の本にまとめることとしました。特に意識したのは、課税業務の全体の「見取り図」

を示すこと、そして、日々行う業務や作業がその見取り図の中でどのような位置にあるのかを理解できるようにすることです。

　本書は、地方税（市町村税）のうち税収および業務量の多い（個人）住民税と固定資産税の課税業務を取り上げます。具体的には以下のような構成になっています。

　　第1章：課税担当の世界へようこそ
　　第2章：地方税の基礎知識を押さえよう
　　第3章：住民税の課税業務は何をするの？
　　第4章：固定資産税の課税業務は何をするの？
　　第5章：一歩先に進むための＋α

　第1章では課税担当になるにあたってのそもそもの話をして、第2章で課税業務を理解する上での「枠組み」を示します。第3章と第4章はそれぞれで冒頭に「見取り図」を描いた上で、具体的な業務内容を説明していきます。そして最後の第5章で、やや応用的な内容を加える形としています。このような進め方としていますので、固定資産税担当の方は第3章を、住民税担当の方は第4章を飛ばして読んでも構いません。
　また、第3章の住民税と第4章の固定資産税は項目立てを対応させ、例えば住民税担当の方でも固定資産税の課税業務（第4章）をスムーズに読み進められるよう工夫しています。他方の税の課税業務にも関心を持って、税務知識の幅を広げてもらいたいです。さらには徴収担当の方にとっても、課税と徴収の相互理解を深める一冊となれば幸いです。

　前置きが長くなりました。それでは始めましょう。ようこそ、課税業務の世界へ！

2023年3月

　　　　　　　　　　　　　著者を代表して　清原　茂史

第**3**章 住民税の課税業務は何をするの？

第4章 固定資産税の課税業務は何をするの？

第 5 章 一歩先に進むための＋α

〈内容現在〉

本書の内容は、令和 4 年 4 月 1 日現在までに公布している法令を基本としている。

〈法令名の略記〉

本文中で法令条文を引用する場合、下記の法令については略記した。

地方税法……法

地方税法附則……法附則

地方税法施行令……令

地方税法施行規則……則

第 1 章

課税担当の
世界へようこそ

税務について、どんなイメージをお持ちでしょうか。課税担当の具体的な仕事の内容の話を始める前に、まずは税務という仕事の大枠と課税業務の特徴をお話しします。また、課税の仕事の魅力についてもお伝えします。イメージが変わるかもしれません。課税の仕事をするための「心の準備」をする気持ちでこの章を読んでみてください。

1│1 ◎…税務はとても大事です

▶▶ **あなたの自治体の税収入はどれくらい?**

　これから本書では課税業務の話をしていきますが、その前にまず確認してほしいことがあります。それは、皆さんの自治体の財政規模と地方税収入のおおよその金額です。

図表1　地方税収入はとても重要な一般財源

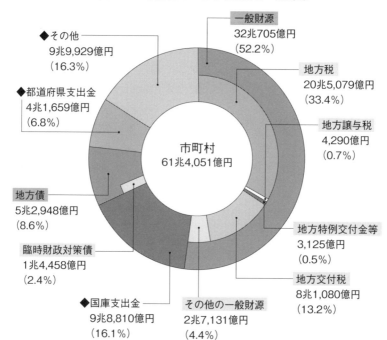

◆その他
9兆9,929億円
（16.3%）

◆都道府県支出金
4兆1,659億円
（6.8%）

地方債
5兆2,948億円
（8.6%）

臨時財政対策債
1兆4,458億円
（2.4%）

◆国庫支出金
9兆8,810億円
（16.1%）

その他の一般財源
2兆7,131億円
（4.4%）

市町村
61兆4,051億円

一般財源
32兆705億円
（52.2%）

地方税
20兆5,079億円
（33.4%）

地方譲与税
4,290億円
（0.7%）

地方特例交付金等
3,125億円
（0.5%）

地方交付税
8兆1,080億円
（13.2%）

（出典）『目で見る日本の地方財政 地方財政の状況 令和3年版 地方財政白書ビジュアル版（令和元年度決算）』総務省

　前ページの円グラフを見てください。これは全市町村の収入（歳入）を積み上げて集計されたものです（令和元年度決算のデータに基づく）。

　これを見てみると、地方税収入は約20兆円、全体の歳入のおよそ3分の1が地方税収入であることがわかります。地方税収入は使い道が特定されず、どのような経費にも使用できる**一般財源**です。その意味でも、地方税収入は自治体にとって財政を支える非常に大切な財源であり、税務という業務がどれほど大事かが、数字の面からも理解できることでしょう。

　ただし、歳入に占める税収入の割合は各自治体で大きくばらつきがあります。税務に携わる部署に配属されたからには、ご自身の自治体について以下の項目は最初に確認しておきましょう。

　　①　**財政規模**
　　②　**地方税収入のおおよその金額**
　　③　**歳入額に占める地方税収入の割合**

（注）令和2、3年度は、新型コロナウイルス感染症拡大の影響を受け、財政数値は例年とは大きく異なっていると考えられるため、確認する際は注意してください。

▶▶ （参考）地方税収入以外の収入

　全体の収入のおよそ3分の1が地方税収入であれば、残り3分の2はどのような収入なのでしょうか。

　図表1中で多くを占めるものとして地方交付税や国庫／都道府県支出金があります。これらは国や都道府県から交付されるものですが、元をたどれば多くは税金（国や都道府県が課税する税金）です。また、地方債はいわば借金ですが、これを返済する原資もほとんど税金といえます。こうして見ると、やはり行政活動の原資のほとんどは市民の方々からお預かりした税金だといえます。

1│2 ◎…税務の役割分担

▶▶ 税務部門の組織

　税務部（税務課）の組織は、**課税担当**（税額を計算して課税する部門）と**徴収担当**（課税した税額を徴収する部門）に分かれています。

　同じ課税担当でも、規模が大きい自治体であれば、市民税課・固定資産税課と税目ごとに課が分かれていたりします。また、税務課の中に課の総務を扱う総務係等が置かれている場合もあります。

　また、関連する組織として、税務に関わる証明書発行や収納のみを扱う出先機関（支所など）もあります。（出先機関は多くの場合、税務課とは別の部署が所管となっています。）

図表2　税務部門の組織図例

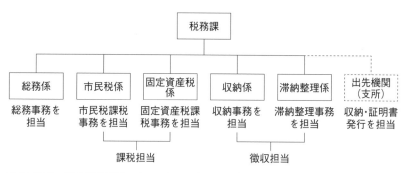

※市民税係・固定資産税係の窓口においても、証明書発行は行う

▶▶ 課税担当の役割

　課税担当は**税額を計算して課税する**ことが仕事です。例えば給与から天引きされている住民税の額を計算しているのは課税担当ですし、また市民の勤務先である企業の給与担当課に「Aさんの住民税額はいくらです。毎月給与からいくらずつ天引きしてください」という通知（特別徴収税額通知書）を送っているのも課税担当です。（企業の給与担当課が住民税額を計算しているのではありません。）

　個人住民税の課税担当の仕事については第3章で、固定資産税の課税担当の仕事については第4章で詳しく説明します。

▶▶ 徴収担当の役割（収納・滞納整理）

　徴収担当は納税者から**税額を確実に徴収する**ことが仕事です。大きく収納と滞納整理の業務があります。

　収納の主な業務は、納付された税額の入金管理です。銀行や役所の窓口（納付書払）や口座引き落とし（口座振替）など、さまざまなチャネルで日々支払われる税金の入金情報を把握し、管理します。また、**過誤納金**の還付や充当も行います。過誤納金とは、**過納金**（納付のときは正しかったが、後から税額変更などがあったことで納め過ぎとなった徴収金）と、**誤納金**（納付の必要のない税額を誤って納めた徴収金）のことをいいますが、これらを納税者に返金するのが**還付**、未納の税金や延滞金がある場合にそちらに充てるのが**充当**です。その他に、納期限内に入金がない場合に**督促**（督促状の送付）を行ったりします。

　滞納整理は、納期限経過後に督促状を送付してもなお納付がない事案（滞納）について、文書などで**催告**（払うべき税額を払わない人に対して払うよう請求する行為）をして納税交渉を行い、それでもなお納付がない場合に差押えをするなどして、最終的には強制的に徴収をする一連の流れを担うものです。

　徴収担当の業務については、本書と同じシリーズ『地方税の徴収担当になったら読む本』で詳しく説明されています。

1|3 ◎…課税業務の 3つの特徴

▶▶ 課税担当は間違いが許されない

　課税担当に配属されることを知ったとき、最初に皆さんはどのように感じたでしょうか。「税制を勉強したかったのでうれしい」という方もおられれば、「市民からのクレーム対応で大変そう」とか「税制が難しそうで自分にできるだろうか」「繁忙期には遅くまでの超過勤務が続いて、休日出勤が当たり前らしい」と不安に思われた方もたくさんいらっしゃるのではないでしょうか。

　率直に申し上げて、課税相当の仕事はものすごく責任が重くて大変です。まず大前提として、課税担当には間違いが許されません。税金を支払う義務があるのは「法律で決まっているから」です（p22 参照）。「行政サービスを何も利用しないから払いたくない」「税制に納得できないから払わない」ということはできません。本人の意思に関わらず課税して、納期限を過ぎてなお支払われなければ、最終的には給与差押えなどにより強制的に徴収します。また、固定資産税の誤った課税により自身の不動産が失われたというケースもあります（p200 参照）。

　これほど重い義務を市民に課し、間違えると取り返しのつかない事態になりうるという課税業務に「税金の計算を間違えていました」という失敗は到底に許されないことを肝に銘じておく必要があります。

▶▶ その1．複雑な税制

　間違いが許されない課税業務ですが、業務の拠り所となる税制は毎年改正され、とても複雑で難解なのが大きな特徴といえます。職場にある

14

マニュアルや研修資料は分厚く、それらを一読しても最初は何が書いてあるかほとんど理解できないかもしれません。ある制度を説明する文章の中に登場する専門用語がそもそもわからないということもよくあるでしょう。著者も初任者時代、職場にあるマニュアルなどに目を通してはみたものの、日本語で書かれているのにほとんど内容を理解できずにショックを受けたことを記憶しています。

▶▶ その2．難しい窓口対応

そんな複雑な税制を窓口で説明しなければならない場面があります。お金に関わることで、自分や家族の生活に直結することですから、相談に来られる方も中途半端で曖昧な説明では納得してくれません。窓口や電話で激しいクレームに遭うこともあります。著者も「税金泥棒！」と言われたことは、一度や二度ではありません。窓口対応の難しさも課税業務の特徴の一つといえるでしょう。

▶▶ その3．多い業務量

住民税や固定資産税は、広く市民から納めていただくものですから、その業務量も少なくありません。繁忙期は超過勤務なしで仕事をすべて終わらせることは難しく、休日出勤や連日遅くまで残業するなど、肉体的にも精神的にも厳しい日々が続くこともあります。特に住民税の課税業務では4月1日からの1か月は1年で最も忙しい時期にあたります。住民税担当に配属された人は、課（係）のメンバーがみんな必死に仕事をしている光景に配属初日から驚かれたかもしれません（住民税の業務スケジュールについては p52 参照）。

最初から少し驚かせ過ぎたかもしれませんが、基本をしっかり理解すれば大丈夫です。大変だからこそ、課税業務を通して得られることも少なくありません。本書で少しずつ基本を理解していきましょう。

1|4 ◎…課税担当で磨く 3つの力

▶▶ 課税担当の仕事は自己研鑽のチャンス!

　前節で紹介した課税業務の特徴から、課税担当には、①**税制をしっか
り理解**した上で、②**市民からの問合せに対して適切に説明責任を果たし
ていくこと**、そして③**大量の仕事を迅速かつ正確に処理すること**が求め
られることになります。

　そう考えると、課税業務には、①法令運用力、②説明力、③段取り力
が必要で、仕事を通してこれらを磨いていくことができるものともいえ
ます。課税担当の仕事は自己研鑽のチャンスに溢れているのです。

　この本を手にされているほとんどの人は、定年退職するまでこれから
ずっと課税担当専任の職員であるというわけではなく、何年か後には異
動して別の部署に移ることになるでしょう。しかし、先に紹介した3つ
の力は、他の部署に異動したら役に立たなくなってしまうようなもので
はなく、どこの部署でも活用のできるポータブルスキル（業種や職種が
変わっても持ち運びが可能な能力）です。課税業務で得た知識や経験は、
今後の公務員生活で大いに役に立つ力になります。

▶▶ その1. 法令運用力

　課税の根拠はすべて法令に求められます（p22）。課税担当に、目の
前の困っている人の個別事情を考慮して裁量を働かす余地はありませ
ん。「血も涙もない」と思われる方もいるかもしれませんが、一方で課
税担当やあるいは政治家などのさじ加減1つで税額や制度の運用が変
わってしまうような社会には誰も住みたいとは思えないでしょう。

皆さんの中には法学部出身ではない人もいるでしょう。採用試験に合格したものの法律の条文を読んだ経験もなく、入庁後に条文を読んでみてもあまり理解できず苦手意識がある人も多いと聞きます。著者も法学部出身ではなく、試験で法律科目がない「社会人採用枠」で自治体職員になりました。課税担当に配属されてからは必要に迫られて、法学部出身の先輩や同僚のアドバイスを得ながら自分なりに法律を読んで学ぶように努力しました。そのおかげで苦手意識も薄らいでいき、難解な税制の理解に立ち向かうことができるようになってきました。法律に触れたことがないという人は特に、まずは**法律の基本的な読み方と学び方を身につけるために、法令学習初心者向けの本を読んでみること**をお勧めします。（p229に著者がお勧めする書籍を紹介しておきます。）

そして、もう1つお勧めしたいのは、**疑問に思ったことがあれば、その答えが法令のどこに書いてあるのかを確認する**ことです。例えば、わからないことを先輩に質問して答えが返ってきたときに、根拠法令も合わせて確認するようにしましょう。初めのうちは調べるべき条文がどこにあるのか見当もつきませんが、条文に慣れてくると、どこをどう調べればいいのかの勘所がつかめてきて、判断に困ったときに根拠となる法令等を自分で調べ、結論を考え出せるようになってきます。

この法令運用力の高い職員はどこの部署でも重宝されます。公務員として最も大切なポータブルスキルだといえるでしょう。

▶▶ その2. 説明力

皆さんは毎日多くの方から、税制に関するさまざまな質問や相談を受けます。しかし、税制は複雑で、税に携わる職員ですら難解なものであり、ましてや一般の方にとってはわからないことばかりです。税制について詳しく解説しているブログや動画などをインターネットで調べることもできますが、必ずしもそれができる方ばかりではありません。（動画配信サイトなどで税制を解説した動画は玉石混交であると感じるものの、とても面白くためになるものもあります。）

相談に来られた方の話をしっかり聞いて、疑問点や悩み事を確実に把握することができれば、次にそれについてわかりやすく説明する必要があります。ここで経験の浅い職員によくあるのが、難しい言葉をそのまま使って説明してしまうことです。市民の方に対して役所の中での略語をそのまま使っても、役所の外で通用するわけがありません。

　例えば著者も、「今年度から○○様は『特徴』になります」と言ってしまい、「『トクチョウ』って何ですか？　役所の中の人にしかわからない専門用語を一般市民に対しては使わないでください！」と厳しい口調で怒られてしまった経験があります。『特徴』とは、給与からの天引きにより税額を徴収する「給与特別徴収」を課税担当の間で略した表現です。では、「今年度から○○様は『給与特別徴収』になります」と言えばよかったのでしょうか。そうすると今度は「『キュウヨトクベツチョウシュウ』って何ですか？」と言われるのがオチです。これもまた説明としては適切ではありません。しっかり伝わるようにするには「今年度から○○様は（特別徴収と言って）税金が給与天引きされることになります」といった表現の工夫が必要でしょう。

　つまり、難しいことを難しい言葉で説明するのではなく、難しいことを簡単に誰にでもわかるように説明しないといけないのです。簡単な表現でわかりやすく説明することを常に心掛けてください。市民の方への説明のみならず、同じ役所で働く職員とのやりとりの場面でも同様です。相手がどこまで知っていて、どこから知らないのかを意識して物事を伝えるという姿勢は、説明力の向上に必要不可欠です。

　とはいえ、わかりやすく表現することは、その事柄について深く本質的なところまでを理解していないとできないことで、かなりの経験と訓練が必要です。まずは、**経験豊富なベテランの先輩職員が窓口や電話口での市民対応に、耳を傾けて聞いてみてください。**「さすが！」と思えるようなとてもわかりやすい説明になっているはずです。「**この説明はとてもわかりやすいな**」と感じられたものがあればそれをそのまま真似することから始めましょう。「まなぶ」（学ぶ）という言葉は、元々は「まねる」（真似る）という言葉が起源になっているといわれているくらいですから。

▶▶ その3. 段取り力

　課税担当は、決められたスケジュールで期限内に仕事を進めていくことが求められます。課税するには納税者に納税通知書を送付しなければなりませんが、その期限も法令で決まっています（p109、191）。これを守るため、相当にタイトで綱渡りのスケジュールとなり、時間的に余裕がなくなるということもあります。

　毎年当たり前のように同じ時期に課税することが繰り返されています。そのため課税担当に配属されるまでは、課税の仕事が決まった時期にはきちんと終わっていることが当たり前で、それを当たり前と意識することすらなかったかもしれません。しかし、いざ課税担当に配属されてみれば、これは決して当たり前ではなく、歴代の課税担当の必死の努力によって途切れずにつながってきたものであることが理解できるでしょう。

　もしスケジュールどおりの期限内に仕事を終わらせられなかったらどんなことが起こるのでしょうか。例えば、住民税の所得は介護保険料（65歳以上）や国民健康保険料（税）、後期高齢者医療保険料を算定するための基礎となるものですので、これらの保険料（税）額の計算に甚大な影響を及ぼすことになります（p123参照）。

　業務の進め方は自治体の規模などによって多種多様であり、一般化してお伝えすることは困難ですが、例えば、書類の置く場所一つを取ってみても、最も効率のいい場所に置いていて、無駄な動きをしなくていいように計算し尽されているはずです（もしそうでないのなら、その職場は改善の余地があり、それを改善していくことも皆さんに課せられた使命となります）。そのような意識で業務にあたることで、**無駄を省き大量の仕事を期限内に正確に処理する**ための段取り力が磨かれていくことでしょう。

　p223でも触れますが、近年は情報技術の発達を受けて、RPA（Robotic Process Automation）を用いて業務効率化を図る取組みも試みられています。こうした業務改善を考えることも、段取り力の向上につながります。

1 | 5 ◎…課税担当が感じる やりがい

▶▶▶ 自治体を支える誇りを感じられる

　責任が重い課税業務ですが、決して大変なことだけではありません。大変な仕事に一生懸命に取り組む中で大きなやりがいを感じられることがあるのもまた事実です。著者は今となっては、課税担当に配属されてよかったと心から感じています。

　すでにお伝えしたように、地方税収入は自治体の財政を支える重要な財源であり、そのほとんどが税の使途が特定されない一般財源です（p11）。自治体独自の政策判断で使い道を決めることができる一般財源を確保するという意味で、自治体を財源の面から支える柱の一翼を皆さんが担っているのです。

　課税担当の仕事を経験すると、税収を確保するためにどれだけ大変な仕事が裏方として存在しているかを理解できるとともに、自分もそれに貢献していることを体感できます。ささやかに、でもしっかりと自分の仕事に対して誇りを感じられるようになります。

▶▶▶ 感謝される喜びがある

　税の窓口というと「クレームが多い」イメージがあるかもしれませんが、必ずしもそれだけではありません。時には、窓口に相談に来られた市民の方から「ありがとう！」と言われることもあります。

　例えば「なぜ昨年度より高くなったのか？」という問合せに対する回答だけでも、わかりやすい説明に対して感謝の言葉をいただくことがあります。また、「会社を近く退職する予定であるが、その後の住民税の

支払い方はどうなるのか？」「家を新築する予定だが、必要な手続きはあるのか？」といった質問に対して適切に回答をして、市民の方の不安を解消できたときに感謝されることもあります。

　複雑で難解な税の制度を市民の方にわかりやすく説明するのは、相当高い説明力が必要だといえます。感謝の言葉をもらえたということは、それだけ成長したということです。皆さんはこの時、大変な仕事の中にあっても、やりがいと達成感を感じることでしょう。

▶▶▶ 日々の成長を実感できる

　配属されたばかりの人にとって、税制の学習は高くそびえる山を麓から登るようなものに感じられるかもしれません。しかし、日々の業務に取り組む中で、少しずつ理解を深めていくことができます。配属当初の頃はほとんど理解できなかったかもしれないマニュアルや研修資料を配属1か月後、3か月後、あるいは半年後などに今一度読み直してみてください。以前とは比較にならないくらい深く理解できるようになっていることに気が付くでしょう。

　副次的なことではありますが、仕事の中でさまざまな事例に遭遇し税制の知識が増えていくと、時には自分のこれからの人生に直接に役に立つこともあります。例えば、著者がかつて受けたレーシック（視力矯正のためのレーザー手術）の費用についてです。医療費については税の申告をすることで「医療費控除」が適用され税額が減額されます（p86参照）。また、申告できていなくても5年までなら遡って申告できます。これを知っていれば自分が支払う税金を正当に減らすことができます。

　税制の学習は外国語の習得に似ています。少しずつ蓄積された知識や情報が、ある日一気に頭の中でつながり、視界が広くなったように感じられる時が来ます。最初はつらいかもしれませんが、粘り強く取り組んでいってください。そして、税制の知識だけではなく、法令運用力、説明力、段取り力の向上などさまざまな面で成長ができ、それを実感することができることもまた、課税業務のやりがいといえるでしょう。

1|6 ◎…課税担当に必要な心構え

▶▶法的根拠を意識する

　課税担当には間違いが許されません。では、何が正しくて、何が間違いになるのでしょうか。それは法令に基づいているかどうかが基準となります。これが「課税の根拠はすべて法令に求められる」という意味です。

　窓口などで時には、「そんなことは法律のどこに書いているのか？」と市民から質問されることがあります。そんな時には法令集を取り出して「地方税法のこの部分にある○○条、××市（町村）税条例でいうとこの部分にある□□条です」と答えられなければなりません。それができないと市民からの信用を失いかねませんし、相手がクレーマーであれば付け入る隙を与えてしまうことになりかねません。

　最初は目の前の仕事に必死で、法令集にあたって条文そのものを確認することが難しいのは著者の経験からもわかるのですが、それでもやはりその都度条文を読んでみるように心掛けましょう。繰り返しになりますが、**疑問に思ったことがあれば、その答えが法令のどこに書いてあるのかを確認する**。このことはぜひ、習慣としてください。なお、本書の中でも、都度、根拠となる条項を示していますので、条文をひきながら読み進めていかれることをお勧めします。

　税に関する法律は、法律の中でも特に難しいと一部の法律の専門家の間でも言われているそうです。最初、地方税法を読むのはとても苦労しますが、法令を読む基礎知識やコツは、第5章でお伝えします（p208）。また、より詳しく調べる必要があるときは、地方税法の条文ごとに解説した逐条解説書や、諸論点をＱ＆Ａ方式で解説する『実務提要』（加除

式書籍、ぎょうせい）を参照します。これらは税務部門の職場には必ず
置かれていますので、確認してください。

▶▶ 効率を意識して仕事する

　住民税・固定資産税ともに毎年決まったスケジュールで仕事を進めて
いきます。例えば、給与から天引きする住民税額の総額などを記載した
通知書（特別徴収税額通知書）は、5月31日までに送らなければなら
ないと法321条の4②に定められており、ここから逆算して仕事を進め
ていく必要があります。

　これは1つの例に過ぎません。**すべての仕事には期限があり、期限ま
でに適切に処理をしていかなければなりません。**このために皆さんに求
められるのは、効率よく仕事をしていくということです。皆さんが仕事
に投入できるリソースには当然に限りがあります。今後人口減少が進む
につれて、さらに人員が縮小される可能性もあります。

　また、税金を広く市民から納めていただくという性質上、業務量も少
なくありません。したがって、効率を意識して日々の仕事に取り組んで
いくと共に、経験を積んだ後には、業務そのものをより効率化するには
どうすべきかを考えることが求められます。

▶▶ 公平かつ公正であることを忘れない

　課税の仕事は、誰に対しても公平かつ公正でなければなりません。税
額をたくさん支払っているから、特別に優遇することもありませんし、
少ないから、あるいは払っていない（非課税）から優遇しないというこ
ともありません。また、例えば経済的に困窮している人に対して個別の
事情を斟酌して、担当者個人の判断で税額を減じることはできません。
税額を減じることができるのは、税額を減じることができるという法令
の定めに該当する場合のみです。前述の**「法的根拠を意識する」**とも関
連しますが、どの人に対しても、**公平かつ公正であることを常に忘れな
いようにしましょう。**

▶▶個人情報を取り扱っていることを忘れない

　課税担当は、業務を通じて多くの個人情報に触れることになります。住民税担当なら、課税のために氏名、住所、生年月日、勤務先、家族構成、障がいの有無などを把握しますし、固定資産税担当ならどこに土地や家屋という資産を保有しているか、またどのような形態の家屋なのかを課税のために調査して把握しています。ここまで多くの個人情報にアクセスできる部署は他にはありません。

　地方公務員法60条Ⅱにおいては、同34条①に規定されている「秘密を守る義務」に違反して秘密を漏らした者に対して「1年以下の懲役又は50万円以下の罰金」とありますが、法22条では「秘密漏えいに関する罪」として、「2年以下の懲役又は100万円以下の罰金」とあります^(＊)。つまり、すべての地方公務員に課せられる守秘義務に違反した罪より、税務部門職員に課せられる守秘義務に違反した罪の方が、最大で2倍重く規定されているのです。これは、税務部門が自治体の他部門と比較しても多くの情報を知ることができるためであり、**外部に秘密が漏れれば納税者からの信用を失い、税務行政が円滑に運営できなくなる**からです。

　日々の仕事の中で、多くの個人情報を取り扱っていることを決して忘れてはいけません。例えばトイレでの会話や、ランチの時間での同僚らとの世間話などで、特定の個人のことを口にしてしまい、意図せずに個人情報が漏れてしまったという事例もあります。どこにいても、決して気を緩めないでください。

　一方で庁内外から税務部門が把握している個人情報について多くの照会があり、情報を開示する必要がある場合もあります。この守秘義務と情報開示の関係については、第5章で補足します（p212）。

（＊）いわゆる刑法改正法が令和4年6月に成立したことに伴い、「懲役」は「拘禁刑」に改められます。

▶▶ アンテナを高く張る

「税制は社会を映す鏡」と言われることがあります。最近では、ふるさと納税の返礼品競争が過熱化したことにより、2019年（令和元年）6月からは、返礼品の調達額（いわゆる還元率）が寄付金額の3割以下に規制されたことが話題になりました。また消費税に「インボイス制度（適格請求書等保存方式）」が2023年（令和5年）10月1日から導入されるため、どのように対応していくのかが大きな話題になっています。

税制は時代とともに大きく変化してきていますが、いつの時代になっても決して変わらないのは、その時代の社会の置かれている状況などを鏡のように映し出しているということです。**税制は毎年改正がありますが、税制改正は世間の動きに敏感に反応して行われます。そのため、常に世の中の動きにアンテナを高く張っておく必要があります。**

世の中の動きを知るために、手軽なネットニュースなどに加え、新聞に目を通すことがお勧めです。新聞は多くの情報がコンパクトにまとまっていることから、忙しい課税担当でも効率よく情報収集することが可能です。著者としては、皆さんに地元紙と日本経済新聞の2紙を読むことをお勧めします。自治体職員が地元紙を読むのは当然として、もう1つ日本経済新聞をあえて名前を出してお勧めするのは、経済の動きを知らずして税制を語ることはできないからです。日本経済新聞は、他の全国紙などと比較しても経済ニュースの記事が圧倒的に充実しています。無理に自宅で2紙を購読する必要はありません。地元紙と日本経済新聞は、購読している職場も多いですから、昼休憩などに少しでもいいので目を通してみてください。課税担当としてだけではなくこれからの公務員生活において、経済ニュースに強くなったことは、世の中を見る目が磨かれるという意味で大きな糧になります。

社会の大きな動き以外に、税制にフォーカスした情報を得るためのものとして月刊『税』（ぎょうせい）や月刊『地方税』（地方財務協会）などの専門誌もあります。すべてを網羅することは難しいかもしれませんが、最新の動向や話題となっているトピックを知ることができます。

COLUMN・1

配属されたら最初に何をする？

　あなたは税務課（課税担当）配属の辞令を受けました。さて、最初に何をするでしょうか？

　きっと、マニュアルや研修資料を読んでみるところから始められると思います。そしてきっと、何が書いてあるか全然理解できず、挫折することになるでしょう。私も同じ経験をしていますので、よくわかります。本書はそんな皆さんに向けて書かれていますので、最初にすることはこの本を読むことです（笑）

　閑話休題。配属されると同時に知識やノウハウを身に付けることを始めるのはもちろんのことですが、それ以外にもやっておくとよいことがあります。まず、住民税担当であれば、自分の給与明細と「特別徴収税額通知書」（p108）を眺めてみることです。また、固定資産税担当であれば、自分に届いた納税通知書（p190）を見てみることです（ご自身が不動産を所有していることが前提ですが）。最も身近な例ですから、そこに載っている金額や数字の意味を理解し、説明できるようになることが最初の目標になります。

　必要な「装備」を整えることも大切です。電卓は必須ですが、時には大きな桁数を扱う場合もありますので、12桁電卓を用意するとよいでしょう。また、住民税担当であれば指サック。ペーパーレスが進みつつあるとはいえ、まだまだ大量の紙を扱う業務があります。固定資産税担当でしたら地図は必須アイテム。特に土地勘がない場合は、デスクマットに挟むなどして土地勘を養いましょう。他にも図面から実寸を測るために三角スケールを使います。また、メジャーやスリッパなどの家屋の実地調査（p157）グッズも必要でしょう。

　これで準備ができましたね。それではさっそく、課税業務に関する基礎知識を学んでいきましょう。焦らず、一歩ずつ、ゆっくりと。

第 **2** 章

地方税の基礎知識を 押さえよう

　こ の章では、税に携わる仕事を する上で知っておくべきこ と、そして課税業務の枠組みを示し ます。これらは、第3章（住民税）、 第4章（固定資産税）を理解するた めの土台となる内容になります。少 しずつ専門用語が登場してきます が、まずは課税業務の全体像をイ メージすることを目標に読み進めて みてください。

2|1 ◎…そもそも「税」とは何だろう

▶▶▶ 税を納めるのは法律で決まっているから

「なんでこんなに高い税金を払わないといけないの？」

　そもそも市民の方々に納めていただく「税」とはいったい何なのか、この問いへの答え方を考えながら理解していきましょう。課税業務の仕事をする上での土台となる大事な考え方です。

　日本国民の三大義務の一つに「納税」があります。日本国憲法30条に「国民は、法律の定めるところにより、納税の義務を負ふ。」とあります。そして、地方税に関しては地方税法の定めにより市民に納税義務を課し、市民は税金を払わなければならないことになります。

　ところで、憲法84条には「あらたに租税を課し、又は現行の租税を変更するには、法律又は法律の定める条件によることを必要とする。」とあります。つまり、国民の私有財産をある意味で侵害するという性質を持つ租税は、国民の総意の代表である国会が定めた法律によってのみ課すことができる、ということです。これを**租税法律主義**といいます。

　この国税の考え方と同じように、地方団体（道府県または市町村（法1条①Ⅰ））が課税をするためには、地方議会の議決を通じて住民の同意を得る必要があります。地方税については地方団体に課税権が付与されていますが（法2条）、課税する際には、税目（租税の名称）や課税客体（税を課す対象）、課税標準（税額を計算する上での基準）、税率などについて条例で定めなければならないとされています（法3条）。この考え方を**地方税条例主義**と呼ぶことがあります。

　なお、地方税は地方団体が課税権をもっていますので、国（総務省）による地方税法の改正によって当然に各地方団体の地方税制が改正され

るわけではないということになります。つまり、地方税法が改正されれば、各地方団体はこれに対応する形で税条例を改正する必要があります。

▶▶ 税を納めるのは行政サービスを受けているから

そして「法律で決まっているから」の続きが大事です。なぜ、そのように法律で決まっているのでしょうか。

まず考えられるのは、地方団体から受けている利益の対価として税金を納めていただくということです。市民生活に身近な行政サービスの多くは地方団体によって提供されています。地方税はこういったサービスを賄うための財源ですから、その財源を税金という形で市民の皆さんに負担していただくというわけです。この考え方を**応益原則**といいます。

図表3　行政サービスの例（行政事務の分担）

主体	公共資本	教育	福祉	その他
国	国道、一級河川	大学	社会保険	防衛、外交、通貨
都道府県	都道府県道、二級河川、公営住宅	公立大学、高校、特別支援学校	生活保護（町村）、児童福祉、保健所	警察
市町村	市町村道、準用河川、公営住宅、下水道	小・中学校、幼稚園	生活保護（市）、国民健康保険、介護保険、上水道、ごみ・し尿処理	戸籍、住民基本台帳、消防

（出典）総務省HP「地方自治制度」より抜粋

▶▶ 税を納めるのは地域社会の一員だから

もう1つ考えられるのは、地方税は、地域に住む住民が共同体の運営のための負担を分かち合うという「地域の会費」的な性格を持つものだという説明です。この考え方は**負担分任原則**と呼ばれています。

これらのことは、普段の課税業務ではあまり意識しないかもしれませんが、市民から問合せがあったときなどにきっと役に立つでしょう。

2│2 ◎…税の種類と分類を押さえよう

▶▶ 国税と地方税

本書は個人住民税と固定資産税（加えて都市計画税）の課税業務を解説していくわけですが、これ以外にも多くの税金があります。さまざまな税目を分類整理し、体系化したものが**租税体系**です。分類の仕方もいくつかありますので、一つずつ見ていきましょう。

まず、**課税主体**（誰が課税するか）に着目して、**国税**と**地方税**に大別されます。そして地方税は、道府県が課す**道府県税**と、市町村が課す**市町村税**に区分されます。納税者の視点からは、どこに納めるかによる分類ともいえます。

▶▶ 普通税と目的税

次に、その税の使途から**普通税**（税の使途が特定されていないもの）と**目的税**（税の使途が特定されているもの）に区分されます。

▶▶ 法定税と法定外税

地方税法に定める税目を**法定税**と呼びますが、地方団体は条例により税目を新設することができます。これを**法定外税**といいます。市町村税の法定外税の例として、法定外普通税では熱海市の別荘等所有税、泉佐野市の空港連絡橋利用税などが挙げられます。また、法定外目的税には京都市や金沢市などの宿泊税などがあります。

図表4　租税体系

国税	普通税	収得税	所得税、法人税、地方法人税（注1）、地方法人特別税（＊1）、特別法人事業税（＊1）、森林環境税（注2）
		財産税	相続税、贈与税、地価税、自動車重量税（＊2）
		消費税	消費税、酒税、揮発油税、石油ガス税（＊2）、航空機燃料税（＊2）、石油石炭税、たばこ税、たばこ特別税、国際観光旅客税、関税、地方揮発油税（＊1）
		流通税	登録免許税、印紙税、とん税、特別とん税（＊1）
	目的税		電源開発促進税、復興特別所得税
地方税	道府県税	普通税 収得税	道府県民税、事業税
		財産税	固定資産税（特例分）、自動車税、鉱区税
		消費税	地方消費税、道府県たばこ税、ゴルフ場利用税、軽油引取税
		流通税	不動産取得税
		―	道府県法定外普通税
		目的税	狩猟税、水利地益税、道府県法定外目的税
	市町村税	普通税 収得税	**市町村民税**、鉱産税
		財産税	**固定資産税**、軽自動車税、特別土地保有税
		消費税	市町村たばこ税
		―	市町村法定外普通税
		目的税	**都市計画税**、水利地益税、共同施設税、国民健康保険税、入湯税、宅地開発税、事業所税、市町村法定外目的税

(注1) 地方交付税として地方自治体に交付される。
(注2) 平成31年度改正により創設され、令和6年度から施行。
（＊1) 地方譲与税として、地方自治体に譲与される。
（＊2) 一部、地方譲与税として、地方自治体に譲与される。
(出典) 国税庁『税大講本』「税法入門」（令和4年度版）

▶▶（参考）所得課税・消費課税・資産課税等

　税負担を経済活動のどの局面に求めているか、つまり何に税負担を求めるかによって、所得課税・消費課税・資産課税等と分類することもできます。国際的な統計調査でも用いられる分類です（p32の図表5）。

図表5　所得課税・消費課税・資産課税等

	国税	地方税			国税	地方税
所得課税	所得税 法人税 地方法人税 特別法人事業税 復興特別所得税	住民税 事業税	消費課税		消費税 酒税 たばこ税 たばこ特別税 揮発油税	地方消費税 地方たばこ税 ゴルフ場利用税 軽油引取税 自動車税（環
資産課税等	相続税・贈与税 登録免許税 印紙税	不動産取得税 固定資産税 特別土地保有税 法定外普通税 事業所税 都市計画税 水利地益税 共同施設税 宅地開発税 国民健康保険税 法定外目的税			地方揮発油税 石油ガス税 航空機燃料税 石油石炭税 電源開発促進税 自動車重量税 国際観光旅客税 関税 とん税 特別とん税	境性能割・種 別割） 軽自動車税 （環境性能割・ 種別割） 鉱区税 狩猟税 鉱産税 入湯税

（出典）財務省 HP「税の種類に関する資料」

▶▶ 個人住民税・固定資産税に関連する税

　皆さんが担当される税目に関連する他の税目についても、その概要を知っておくことはとても重要です。

　例えば、個人住民税と同じく個人の所得に対してかかる税金に、税務署が管轄する国税の**所得税**があります。「所得の計算方法」は、所得税と個人住民税は基本的に同じですが、所得税は「今年の所得」に対して、個人住民税は「昨年の所得」に対してかかるところが違います（p49）。この点は多くの人が困惑するところです。

　固定資産税の窓口には「土地を相続したのですが……」と来られる方もいらっしゃいます。その時に、**相続税**は国税なので管轄は税務署だと伝える必要があります。税額の話になれば、相続税は基礎控除という制度があり税がかからない場合があるという知識が役立ちます。

　窓口や問合せの対応の中で登場する可能性のある税目については、その関連性や大枠を理解し、説明できるよう備えておきましょう。

図表6　固定資産税に関連する税

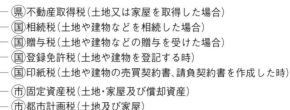

| 取得した時 | ㊤不動産取得税（土地又は家屋を取得した場合）
国相続税（土地や建物などを相続した場合）
国贈与税（土地や建物などの贈与を受けた場合）
国登録免許税（土地や建物を登記する時）
国印紙税（土地や建物の売買契約書、請負契約書を作成した時） |

取得した時
　- ㊛不動産取得税（土地又は家屋を取得した場合）
　- 国相続税（土地や建物などを相続した場合）
　- 国贈与税（土地や建物などの贈与を受けた場合）
　- 国登録免許税（土地や建物を登記する時）
　- 国印紙税（土地や建物の売買契約書、請負契約書を作成した時）

持っている時
　- 市固定資産税（土地・家屋及び償却資産）
　- 市都市計画税（土地及び家屋）
　- 市事業所税（1,000 ㎡を超える事業所床面積を使用（借りている時を含む。）して事業を行っている場合…東京都特別区、政令指定都市及び人口30万人以上の市等において課税）

貸した時
　- 不動産所得に国所得税・市県住民税
　- 権利金（譲渡所得・不動産所得）に国所得税・市県住民税

売った時
　- 譲渡所得に国所得税・市県住民税
　- 売買契約書に国印紙税

（出典）資産評価システム研究センター「令和4年度版固定資産税のしおり」

▶▶▶ （参考）直接税と間接税

　納める人と負担する人が同じ税金は**直接税**、異なるものは**間接税**です。例えば消費税は、消費者が負担し事業者が納めるので、間接税です。

図表7　直接税・間接税

		直接税	間接税
国税		所得税、法人税、相続税、贈与税など	消費税、酒税、たばこ税、関税など
地方税	道府県税	道府県民税、事業税、自動車税など	地方消費税、道府県たばこ税、ゴルフ場利用税など
	市町村税	市町村民税、固定資産税、軽自動車税など	市町村たばこ税、入湯税など

（出典）国税庁 HP「税の学習コーナー」

2/3 ◎…課税業務の枠組み を理解しよう

▶▶ 課税に関わる 5W2H

「なんでこんなに高い税金を払わないといけないの？」

　この問いに対して、2−1（p28、29）では市民に税金を納めてもらう理由について話を進めていきましたが、もう1つポイントがあります。それは「高い」という部分です。税額に誤りがなければ、課税担当の皆さんは「正しく計算していますので、不当に高いわけではありません」、もっと言えば「正しく課税しています」と答えることになります。

　それではここでいう「正しい課税」とはどのようなものでしょうか。税額が正しくなければならないことはいうまでもありませんが、他にもいろいろな要素での「正しさ」があります。①正しい者が、②正しい物に対して、③正しい人に、④正しい税額を課すと決定する。そして、⑤正しい方法でかつ正しいタイミングで伝え、⑥正しい方法で税金を徴収する。これらのことを「5W2H」の形で整理すると、課税業務の枠組みが見えてきます。

▶▶ Who（課税主体）

　税を課すことができる者（課税権者）を課税主体といいます。例えば、市町村税である固定資産税を道府県が課税することはできません。逆に、道府県税である不動産取得税を市町村が課税することもできません。ただし、法20条の3に基づき市町村がその同意のもとに道府県税の賦課徴収に関する事務を行うこととした場合は、市町村がその道府県税の課税主体となると解されています。

▶▶▶ What（課税客体（課税物件））

　課税の対象となる物や行為、その他の事実のことを**課税客体**（**課税物件**）といい、条例で定める必要があります（法3条）。この課税客体という用語はすべての税目の法律で使用されているとは限りませんが、すべての税目に存在するものとされています。例えば、固定資産税では「固定資産税の課税客体等」と規定されていますが（法342条）、個人住民税では使用されていません。なぜなら、個人住民税は具体的な「物」ではなく、住所があるという「事実」や「所得」に課税されるためです。

▶▶▶ Whom（納税義務者）

　文字どおり、納税の義務を負う者が**納税義務者**です。各税目で納税義務者になる者は法に規定されていますが、概念的には（税法学上の整理としては）「課税客体（課税物件）が帰属する者」と表現されます。

▶▶▶ How Much ①（課税標準・税率（税額））

　課税物件を具体的に金額または数量で表したもので、税額を計算する基礎となるものを**課税標準**といいます。この課税標準に**税率**を乗じて**税額**が算定されることになります。この課税標準と税率についても条例で定める必要があります（法3条）。

　なお、課税する場合に通常よるべき税率のことを**標準税率**といい、財政上その他の必要があると認める場合には、標準税率以外の設定も可能となっています（法1条①Ⅴ）。標準税率より高く設定された税率により課税することを**超過課税**といいますが、**制限税率**（税率の上限）が定められている場合は、その税率を上回る税率を設定することはできません。例えば、**市町村税における個人住民税（所得割）の標準税率は6%**（法314条の3）、**固定資産税の標準税率は1.4%**（法350条）です。一方、都市計画税には標準税率の定めはありませんが、制限税率は0.3%と定められています（法702条の4）。

ちなみに、課税標準額や税額を計算する際の端数処理についても地方税法に規定があります。課税標準額は 1,000 円未満を切り捨て、税額は 100 円未満を切り捨てるのが基本です（法 20 条の 4 の 2）。

▶▶ How Much ②（税額が低くなるケース）

　地方税法上「○○に対しては、○○税を課することができない」という形で規定され、そもそも課税をしてはいけない場合、すなわち**非課税**というケースがあります。

　また、「課税標準×税率」で税額を算出する中で、税額の一部または全部を減じる場合があります。具体的には、個人住民税では「**控除**」という形で、固定資産税では「**特例**」や「**税額特例**」という形で、課税標準や税額の金額を減らすというものです。

　これとは別に「**減免**」という仕組みがあります。これは、条例に基づく制度である点が、控除・特例・税額特例との大きな違いです（地方税法には「天災その他特別の事情がある場合において……条例の定めるところにより、○○税を減免することができる」と規定されています）。

　減免は、申請を受けてはじめて適用するという**申請主義**の形式で条例に定められていることが一般的です。なお、市町村民税や固定資産税の減免は「貧困に因り生活のため公私の扶助を受ける者その他特別の事情がある者に限り」と付け加えられています（法 323 条、367 条）。

▶▶ How ①& When（納税の告知）

　税金を徴収しようとするときは、納税者に対して文書により**納税の告知**をしなければなりません（法 13 条）。基本的には、納税通知書を納税者本人宛に郵送しますが、郵送しても宛先に届かないというケースがあります。そのような場合でも、決められた方法で納税の告知を行う必要があります。また、告知のタイミング（期限）も税目ごとに定められています。

▶▶ How ②（徴収方法）

徴収方法は大きく2つあります。1つめは**普通徴収**です。納税通知書を納税者に交付することによって徴収するものです（法1条①Ⅶ）。2つめは**特別徴収**です。税の徴収について便宜を有する者に徴収させ、かつ、その徴収すべき税金を納入させるというものです（法1条①Ⅸ）。少しわかりにくいですが、後者の代表例として給与天引きをイメージしてもらえれば理解できるでしょう。

なお、固定資産税の徴収は普通徴収の方法によらなければなりませんが（法364条）、個人住民税は普通徴収を原則としながらも、一定の場合は特別徴収によるものとされています（法319条）。

▶▶ Why（課税の根拠）

課税の根拠については、地方税条例主義、応益原則、負担分任原則といった考え方がありました（p28、29）。もう一度、復習しておいてください。

課税担当の業務は、突き詰めて言えば、これまで説明してきた課税の構成要素を間違えることなく、納税通知書を確実に納税者に送付することがゴールとなります。

納税義務者、課税客体、課税客体の帰属、課税標準、税率の5つを**課税要件**と呼ぶことがありますが、実際の業務ではあまり使わない用語もあります。しかし、課税業務のすべての作業は必ずこれらのどこかにつながっていますので、この枠組みを意識することで自身がやっている仕事の意味が感じられるようになるでしょう。

第3章と第4章では、この枠組みに沿って個人住民税と固定資産税それぞれの課税業務について説明していくことにします。

2|4 ◎…課税業務の関連業務を理解しよう

▶▶ 証明書等の発行

　課税担当の業務は、前節で概観した課税業務がメインの仕事になりますが、それ以外にも課税に関連する業務や、知っておくべきことがあります。ここではその主なものについて簡単に説明します。

　まずは窓口業務です。日々、窓口で市民の方々の質問や相談に対応するというものです。その窓口業務の中には、証明書等を発行するという仕事もあります。個人住民税に関するものとして**所得証明書、課税証明書、非課税証明書**、固定資産税に関するものとして**評価証明書、公課証明書、名寄帳**などがあります。

　これらについての詳細は後述しますが、証明書等の発行業務は**守秘義務を解除された上で行う情報開示**という側面がある、という点は重要なポイントです。守秘義務については担当者の心構えとして p24 で触れましたが、この業務では本当にその証明書等をその申請者に発行してよいのか、慎重に判断する必要があります。その判断基準や窓口での本人確認の運用等については各自治体でマニュアルがあると思いますので、しっかり把握しておきましょう。

▶▶ 不服申立てへの対応

　窓口対応で「なんでこんなに高い税金を払わないといけないの？」と言われて「正しく計算していますので、不当に高いわけではありません」と説明しても、残念ながら納得されないこともあります。その場合は、法に則った手続きにより不服を申し立ててもらわざるを得ません。

　ここでいう「法に則った手続き」とは、原則、**行政不服審査法による審査請求**となります（法19条）。行政不服審査法は行政不服申立てについての一般法といわれるもので、その対象は税に関する不服に限られるものではありません。そのため、この手続きは法務（法制）課や総務課など、税務課ではない部署が所管となっているはずです。所管する部署は自治体によって異なりますので、確認しておきましょう。（行政不服審査法の概要は総務省ホームページに掲載されています。）

　なお、法19条は地方税にかかる審査請求の対象について「この款その他この法律に特別の定めがあるものを除く」としています。その例として「**固定資産の価格に係る不服審査**」（法423条〜436条）があります。これは固定資産税特有の制度ですので、詳細はp198で説明します。

▶▶ 課税状況等の報告

　これらの窓口対応以外にも、課税した内容について統計資料として国に報告するという業務もあります。基本的には、地方自治法252条の17の5①に基づく調査で「**市町村税課税状況等の調**」への回答として報告します。内容としては市町村民税の課税状況の他、市町村諸税、徴税費および訴訟に関する事項等があります。ただし、固定資産税と都市計画税については法418条に基づき「（固定資産の価格等の）**概要調書**」により報告します。なお、いずれも道府県に提出し、取りまとめられたものが国に報告される流れとなります。（全国の集計結果は、総務省のホームページに掲載されます。）

　この報告内容は、国が財政計画の策定や税制改正等を検討する資料となります。また、自治体の主要財源である地方交付税（p10の図表1参照）のうちの普通交付税の算定に用いる基礎数値としても利用されます。ほとんどはシステムで自動集計されて報告内容が出来上がりますが、設定変更や一部手作業が残っているところもあります。間違えると国から配分される地方交付税が過大に算定されて、後年度に返還する必要が生じるなど大きな影響が出ることもありますので、注意が必要です。

◎…主な市町村税を見てみよう

▶▶ 主な市町村税

市町村税にもさまざまな種類の税があります。

図表8　主な市町村税

	住民税			
	個人住民税（※1）		法人住民税	
	均等割	所得割	均等割	法人税割
課税客体	個人の所得		法人の所得	
納税義務者	市町村に住所を有する個人		市町村に事務所等を有する法人	
	市町村に事務所等を有する個人で、当該市町村内に住所を有しない者	−	市町村内に寮等を有する法人で当該市町村内に事務所等を有しないもの	−
賦課期日（※3）	1月1日		−	
課税標準	−	前年の所得について算定した総所得金額、退職所得金額および山林所得金額	−	法人税額
税率（税額）	標準税率：3,000円（H26-R5は復興財源確保のための引き上げがあり、3,500円）	標準税率：6%	標準税率：従業者数や資本金等の額により、5万円から300万円の間で9段階 制限税率：標準税率の1.2倍	標準税率：6.0% 制限税率：8.4%
免税点（※4）	−	−	−	−
課税方式（※5）	賦課課税		申告納税（申告納付）	
徴収方法（※6）	普通徴収、特別徴収			
納期（※7）	普通徴収：6月、8月、10月、1月中 特別徴収：特別徴収義務者が徴収した月の翌月10日		−	
性質	普通税			
備考				

（※1）市町村民税は、道府県民税とあわせて賦課、徴収する。
（※2）固定資産税と都市計画税はあわせて賦課、徴収する。
（※3）賦課期日…課税要件を確定させるための基準日のこと
（※4）免税点制度…一定の価額または一定の数量以下の課税対象に対しては課税しないものとする制度（徴税コストの費用対効果の観点から、小額の課税物件を課税の対象外とするもの）
（※5）賦課課税…市町村が税額を決定して納税者に通知する方式
　　　申告納税…納税者が自ら税額を計算して申告する方式

本書は、市町村税収の大部分を占める個人住民税と固定資産税（および都市計画税）の課税業務について説明するものですが、その他の主な市町村税の内容も含めて、図表8で概観しておきましょう。また、皆さんの自治体の各税目の収入がどれくらいあるのかも、あわせて見ておきましょう。

図表9　市町村税収入の税目別の割合
（単位：億円）

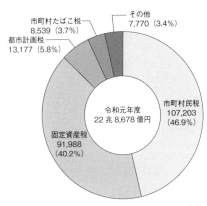

その他
7,770（3.4%）

市町村たばこ税
8,539（3.7%）

都市計画税
13,177（5.8%）

令和元年度
22兆8,678億円

市町村民税
107,203
（46.9%）

固定資産税
91,988
（40.2%）

（出典）資産評価システム研究センター「令和3年度版固定資産税のしおり」

	固定資産税 （※2）	都市計画税 （※2）	軽自動車税		たばこ税
			環境性能割	種別割	
	土地、家屋、償却資産	土地、家屋 (*1)	三輪以上の軽自動車 （特殊自動車を除く）	軽自動車 二輪の小型自動車 原動機付自転車 小型特殊自動車	売渡し等に係る製造たばこ
	所有者		取得者	所有者	製造たばこにつき、小売販売業者もしくは消費者等に売渡しをし、または消費等をする製造たばこの製造者、特定販売業者および卸売販売業者
	1月1日		－	4月1日	
	価格（適正な時価）		通常の取得価額		売渡し等に係る製造たばこの本数
	標準税率：1.4%	制限税率：0.3%	本則0～3% （環境性能等に応じて税率が決定）(*2)	標準税率：軽自動車等の種別、排気量等ごとに設定 制限税率：標準税率の1.5倍 (*3)税率の特例あり	1,000本あたり6,122円
	土地：30万円 家屋：20万円 償却資産：150万円	土地：30万円 家屋：20万円	50万円	－	－
	賦課課税		申告納税（申告納付）	賦課課税	原則：申告納税 （申告納付）
	普通徴収			普通徴収	
	4月、7月、12月、2月中		－	4月中	
	普通税	目的税	普通税		普通税
		(*1)原則、都市計画区域内のもの	(*2)当分の間の措置として0～2%に軽減	(*3)経年車重課やグリーン化特例軽課	

※令和元年10月1日から令和3年12月31日までの間に取得した自家用乗用車について税率を1%分軽減

（※6）申告納付…申告納税方式に則り、申告した税金を納付すること。申告納税と同じ意味と理解して差し支えない。（普通徴収、特別徴収については p37参照。）
（※7）納期は市町村の条例で定める。ただし、特別の事情がある場合は、これと異なる納期を定めることができる（個人住民税の特別徴収の納期を除く）。

41

2|6 ◎…租税原則も知って おこう

▶▶ 伝統的租税原則

　どのような理念に基づいて税を課すべきかについてまとめたものを**租税原則**といいます。公務員試験で暗記された人もいらっしゃるのではないでしょうか。税制を検討する立法面で考慮すべき視点が多い租税原則ですが、これから課税担当として税法を理解して運用していく上では、知っておくと役に立つことでしょう。やや理念的な内容ではありますが、簡単に触れておくことにします。

図表10　伝統的租税原則

アダム・スミスの4原則	ワグナーの4大原則 （9原則）	マスグレイブの7条件
①公平の原則 ②明確の原則 ③便宜の原則 ④最小徴税費の原則	(1)財政政策上の原則 　①十分性の原則 　②弾力性の原則 (2)国民経済上の原則 　③税源選択の原則 　④税種選択の原則 (3)公正の原則 　⑤普遍性の原則 　⑥公平性の原則 (4)税務行政上の原則 　⑦明確の原則 　⑧便宜の原則 　⑨最小徴税費の原則	①十分性 ②公平 ③負担者 ④中立（効率性） ⑤経済の安定と成長 ⑥明確性 ⑦費用最小

（出典）内閣府HP「わが国税制の現状と課題—21世紀に向けた国民の参加と選択—」（資料2）租税原則

まず伝統的租税原則といわれるものです（図表10）。話が細かくなりすぎるので詳細は割愛しますが、内閣府のホームページに概要が載っていますので、一度見てみてください。

基本三原則（公平・中立・簡素）

租税原則は「公平、中立、簡素」の3つに集約され、日本の税制の基本原則とされています。

公平の原則…経済力が同等の人には等しい負担を求め（**水平的公平**）、経済力のある人には大きな負担を求めること（**垂直的公平**）。さらに、異なる世代を比較して負担の公平が保たれていること（**世代間の公平**）。

中立の原則…税制が個人や企業の経済活動における選択をゆがめないようにすること。

簡素の原則…税制の仕組みをできるだけ簡素にし、理解しやすいものにすること。

地方税原則

前述の租税原則は主に国税を念頭に置いたものと考えられます。一方で地方税には国税と相違する側面もあるということで、租税原則を地方税の軸で整理されたものがあります。これは**地方税原則**と呼ばれ、5つの原則にまとめられるといわれています。p29で登場した**応益原則**と**負担分任原則**は、そのうちの2つです。ここでは他の3つを紹介します。

安定性の原則…税収は景気変動に左右されず、安定しているほうが望ましいという原則。住民への行政サービスとその行政サービスを提供するために必要な経費は大きく増減するものではない。

普遍性の原則…税収は地域的に偏在することなく、普遍的に存在するほうが望ましいという原則。すべての地方団体は一定水準の行政サービスを提供することが求められる。

自主性の原則…地方団体自らの判断と責任において課税権を行使すべきとする原則。

COLUMN · 2

国税と地方税の違い

　一般に、税には3つの役割（機能）があるといわれています。1つめは**財源調達機能**です。これは、市民の方々に税金を納めていただく理由として、地方税は地方団体が提供する行政サービスを賄うための財源であると説明したことと対応しています。

　2つめは**所得再分配機能**です。所得税や相続税などに関する税制は、経済力のある人により大きな負担を求める制度（**累進課税制度**）とされています。そこで納められた税金は社会保障制度などを通じて、所得の少ない人や心身に障がいのある人の生活を助けたりするための財源になっています。こうした面から、税金は所得や資産を再分配し、国民の所得格差を縮める役割があるとされています。

　3つめは**経済安定化機能**です。個人所得課税や法人課税は、好況期には税収を増加させて景気の過熱にブレーキをかけ、逆に不況期には税収の伸びを鈍化させて景気の落ち込みを緩めるという仕掛けになっています。このように税金は自動的に景気変動を小さくして、経済を安定化する役割を果たしています。

　p43で「地方税には国税と相違する側面もある」と言いましたが、これらの機能の強弱という点で違いが現れてきます。例えば、所得再分配は中央政府（国）の役割とされていることから、所得再分配機能は基本的には地方税ではなく国税に担わせるべきとされています。経済安定化機能も同様に、国税の機能と考えられています。

　このことから、国税は、受益の大きさではなく支払能力（担税力）に応じた負担を求めるという考え方（**応能原則**）が強くなります。地方税原則の一つに応益原則があったこととは対照的です。このように、税をより深く理解するには、地方税のみならず、国の税制も合わせて知ることが大事です。

住民税の課税業務は
何をするの?

住 民税課税の仕事の具体的な内
容と、仕事をする上で必要と
なる最低限の知識を紹介します。税
額計算を中心に専門用語が続出し、
一気に難易度が上がる部分もありま
す。一読して理解しきれなくても、
何度も振り返りながら最後まで読み
進めることで、理解がだんだんと深
まっていきます。焦らずに、一つひ
とつ理解していきましょう。

3|1 ◎…住民税の概要

▶▶ 市町村の基幹税としての住民税

　地方税法には「住民税」という言葉は出てきませんが、一般に、**市町村民税**と**道府県民税**を合わせて**住民税**といいます。その住民税には、市町村の区域内に住所を有する住民（個人）についてその所得に対してかかる**個人住民税**と、市町村の区域内に事務所、事業所等を持つ法人についてその所得（利益）にかかる**法人住民税**があります。市町村税においては、個人住民税および法人住民税が全体の4割以上を占めており、基幹的な税収入となっています。

図表11　税収入の税目別の割合

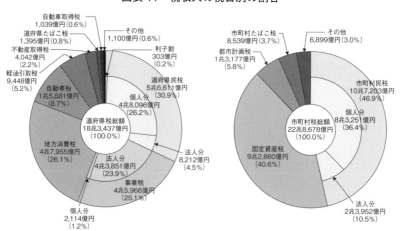

（出典）総務省「地方財政の状況」（いわゆる地方財政白書）令和3年3月版

▶▶▶ 個人住民税

　市町村も道府県も個人の所得に対して個人住民税（市町村民税、道府県民税）を課しますが、いずれも「**均等割**」と「**所得割**」から成り立っています。なお、個人住民税について、道府県民税は、区域内の市町村が市町村民税とあわせて課税して徴収することとされています（法41条①）。

▶▶▶ 個人住民税の均等割

　均等割とは、**所得の額に関わらず均等の税率（税額）が課せられる税金**です（法292条①Ⅰ、法23条①Ⅰ）。「地域の会費」的な性格を持つという地方税の**負担分任原則**を最も体現するものになります。

　平成15年度までは、均等割の税率は市町村の人口規模に応じての区分がありましたが、平成16年度からは全国一律の税率となっています。すなわち、市町村民税の均等割の標準税率は年額3,000円で、道府県民税の均等割の標準税率は年額1,000円です（法310条、法38条）。

　ただし、平成26年度から令和5年度までの間、東日本大震災からの復興に関し地方公共団体が実施する防災施策のための財源として、市町村民税・道府県民税の標準税率はそれぞれ500円ずつ引き上げられています（東日本大震災からの復興に関し地方公共団体が実施する防災のための施策に必要な財源の確保に係る地方税の臨時特例に関する法律）。

　また、自治体によっては、均等割に超過課税が課せられているところもあります。例えば、兵庫県では災害に強い森づくりと都市緑化の推進のため県民緑税（800円）が均等割に上乗せされています（兵庫県神戸市の均等割の例として、次のページ図表12参照）。

▶▶▶ （参考）特別区民税／都民税

　市町村民税についての規定は特別区民税に、道府県民税についての規定は都民税に適用されます（法1条②）。

図表12　住民税均等割（令和5年度の神戸市の例）

県民税の標準税率	1,000 円
兵庫県の超過課税	800 円
市民税の標準税率	3,000 円
神戸市の超過課税	400 円
東日本大震災復興防災財源	1,000 円
【計】	6,200 円

▶▶▶個人住民税の所得割

　所得割は、**所得の額に応じた税負担が課せられる**税金です（法292条
①Ⅱ、法23条①Ⅱ）。つまり、所得額が大きくなればなるほど税額も大
きくなります。所得割は、租税の基本三原則の1つである公平の原則の
中の**垂直的公平**を体現するものといえます。

　住民税の所得割の税率は、平成19年度から市町村民税と道府県民税
合わせて一律10％になっています。これを受けて、標準税率は市町村
民税6％、道府県民税4％（ただし、政令指定都市に限り平成30年度よ
り市民税8％、道府県民税2％）となっています（法314条の3①、法
35条①）。なお、この所得割のように、課税標準の大小に関わりなく同じ
税率で課税する税のことを**比例税**、その際の税率を**比例税率**といいます。

図表13　均等割と所得割

| | 均等割 | 所得割 | |
		政令指定都市以外	政令指定都市
市町村民税	標準税率：3,000 円 （H26 〜 R5 は復興財源確保のための引き上げがあり、3,500 円）	標準税率：6％	標準税率：8％
道府県民税	標準税率：1,000 円 （H26 〜 R5 は復興財源確保のための引き上げがあり、1,500 円）	標準税率：4％	標準税率：2％

　また、均等割の超過課税と比べると少数ですが、所得割について超過課税を課している自治体もあります。逆に、均等割と所得割について標準税率を下回る税率としている自治体もあります。

　所得割の「所得」の計算方法は、国税である所得税における「所得」と同じです（法313条②、法32条②）。しかし、税金がかかる所得の範囲などについては、所得税とは異なります。

　所得割の「所得」と、所得税における「所得」については、もう１つ大きな違いがあります。それは、**所得税は現年所得（今年の所得）に対して課税**されるが、**住民税は前年所得（昨年の所得）に対して課税**されるという点です（法313条①、法32条①）。

　ご自身の給与明細を確認してみてください。所得税と住民税がそれぞれ天引きされていますが、所得税と住民税とでは課税されている対象となる所得が１年ずれているのです。例えば「令和４年分所得税」は、令和４年１月〜12月の所得に対して課税されていますが、「令和４年度住民税」は、令和３年１月〜12月の所得に対して課税されています。

　この春に晴れて新社会人となった人の給与からは、所得税しか天引きされていません。給与明細の住民税の項目は空白となっているはずです。新社会人が今年４月から受け取った給与に対しての住民税は、実は翌年の６月からかかるのです。このことを知らない社会人２年目の人が、６月の給与明細で住民税が天引きされ始めていることに気が付いて驚くということがよくあります。

　あるいは、定年退職した後に再就職せず悠々自適の生活に入った人が、無収入になったにも関わらず、前年の給与にかかる税金の納付書が６月中旬に自宅に届いて驚くということも散見されます。

　なお、自治体における「（会計）年度」は、４月１日〜翌年３月31日をその期間としていますが、所得税と住民税の所得を計算する１年は、１月１日〜12月31日をその期間としている点に、注意が必要です。

　このように住民税（所得割）と所得税の課税対象となる所得の年にずれがあることを知らない人はとても多いので、この点はしっかり説明するようにしてあげてください。窓口で対応する場合は、メモ用紙に簡単な図を書いてあげると説明しやすいです。

図表 14　住民税の課税される所得と期間のイメージ図

令和4年											
1月	2月	3月	4月	5月	6月	7月	8月	9月	10月	11月	12月

令和5年度住民税の対象となる所得

令和5年												令和6年				
1月	2月	3月	4月	5月	6月	7月	8月	9月	10月	11月	12月	1月	2月	3月	4月	5月

令和5年度住民税の納税期間（普通徴収）

令和5年度住民税の納税期間（給与特別徴収）

▶▶ 法人住民税

　法人住民税とは、区域内に事務所、事業所等を持つ**「法人の所得（利益）」にかかる地方税**です。市町村が法人の所得（利益）に対して課す地方税が法人の市町村民税であり、道府県が法人の所得（利益）に対して課す地方税が法人の道府県民税です。法人の市町村民税と法人の道府県民税を総合して、法人住民税と呼んでいます。

　個人住民税と同様に、法人住民税においても、**所得の額に関わらず均等の税率（税額）が課せられる「均等割」**と法人の所得（利益）にかかる国税である**法人税の税額に応じてかかる「法人税割」**があります。法人住民税の均等割の税率は、個人住民税の均等割の税率のように一律ではなく、法人の規模など（資本金等の額、従業者数など）によっていくつかの区分があります。

図表 15　均等割と法人税割

	均等割	法人税割
考え方	資本金等の額、従業者数に応じて定額の負担を求めるもの	法人税額に応じた負担を求めるもの
市町村民税	標準税率：5～300万円 制限税率：標準税率の 1.2 倍	標準税率：法人税額の 6.0% 制限税率：法人税額の 8.4%
道府県民税	標準税率：2～80万円 制限税率：なし	標準税率：法人税額の 1.0% 制限税率：法人税額の 2.0%

▶▶ 個人住民税と法人住民税の比較

　ここまで、個人住民税と法人住民税それぞれについて概説してきましたが、大きな違いがあります。

　まず、課税方式の違いです。個人住民税は市町村が税額を決定して納税者に税額を通知する**賦課課税**であるのに対して、法人住民税は納税者が自身で課税標準額と税額を申告して納付する**申告納付**となっています（法 321 条の 8、法 53 条）。

　他にも、個人住民税は区域内の市町村が市町村民税と道府県民税をあわせて徴収しますが、法人住民税の徴収は、市町村民税は市町村が、道府県民税は道府県がそれぞれ徴収するという違いがあります。

図表 16　個人住民税と法人住民税の違い

	個人住民税	法人住民税
課税方式	賦課課税	申告納税（申告納付）
徴収方法	普通徴収、特別徴収	
その他	市町村民税と道府県民税をあわせて賦課、徴収する	市町村民税と道府県民税はあわせて賦課、徴収しない

　次のページ以降は、個人住民税について解説していきます。また、これ以降「個人住民税」を単に「住民税」と表記することとします。

3|2 ◎…住民税担当の 仕事の全体像

図表17 業務スケジュール（住民税）

区分	(枠組み)	3月	N年度 4月	5月	6月	7月	8月
N年度 課税分	①納税義務者の特定	課税資料の収集・税申告の受付	294-3 通知送付 死亡者対応				
	②課税客体の捕捉						未申告者の 扶養親族等の調査
	③税額の計算	税額計算	税額計算 ▲ 税額決定 （給与特徴）	▲ 税額決定 （普徴・年金特徴）			
	④納税の告知等		給与特徴税額決定 通知書発送	▲ 納通発送 （→返戻対応） （減免対応）		▲ （納通発送） （→返戻対応）
	⑤不服申立て対応		不服申立て対応				
	（徴収）			▲ 1期納期		▲ 2期納期
	⑥国への報告					▲ 市町村税課税状況等 の調作成＆提出
N＋1 年度 課税分	①納税義務者の特定						
	②課税客体の捕捉						
	③税額の計算						
	④納税の告知						
―	⑦証明書発行等		証明書発行・窓口対応				

▶▶ 住民税課税担当の1年間

　p34で、課税業務の枠組みを示しましたが、住民税の課税業務を1年間のスケジュールの形で示すと以下のようになります。ただし、自治体によって業務の進め方は大きく異なっているかもしれません。あくまで一例としてご理解ください。

9月	10月	11月	12月	1月	2月	3月	4月
調査（実地調査も行う）							
	▲ (納通発送) (→返戻対応)			▲ (納通発送) (→返戻対応)			
	▲ 3期納期			▲ 4期納期			
			賦課期日 ▼	住登外課税者の特定作業 死亡者対応			
		▲ 給与支払報告書の配布		▲ 課税資料の収集・税申告の受付			
						税額計算	税額計算

p34-37 の繰り返しになる部分もありますが、各業務について簡単に説明します。業務の大枠を掴んでもらうための概説ですので、ここで完璧に理解できなくても大丈夫です。（次節以降で詳しく説明します。）

①納税義務者の特定 （詳細：p56 〜）

住民税の納税義務者は、1月1日（賦課期日）時点に住所を有する個人です（家屋敷課税については p58 参照）。原則的には1月1日時点で住民基本台帳に記録されている人がこれに該当します。

ただし、住民基本台帳に記載のある住所以外の場所に生活の本拠がある（＝住んでいる）人は、その市町村で課税されることになります。したがって、そのようなケースに対応するため、住民基本台帳以外の資料（給与支払報告書など）による納税義務者の特定も行います。

また、賦課期日後に納税義務者が死亡した場合には、相続人調査なども行います（p60 参照）。

②課税客体の捕捉 （詳細：p59、64 〜）

住民税（所得割）の課税客体（対象）は**前年所得**です。住民税は市町村が税額を決定して納税者に通知する賦課課税ですから、課税をする根拠となる資料（**課税資料**）を市町村が収集する必要があります。

例えば、年が明けると事業者等からは**給与支払報告書**が、日本年金機構（厚生労働大臣）等の年金支払者からは**公的年金等支払報告書**が届きます。確定申告が始まると税務署から**確定申告書**も届きます。他にも、税務課職員が受け付ける**住民税の申告書**もあります。これらはすべて重要な課税資料です。

これらの課税資料により課税客体である前年所得を補捉するわけですが、中には必要な申告を行っていない人もいます。よって、夏以降には、**未申告者の調査**（申告を促す通知の送付、対象者の自宅への訪問など）を行います。また、**扶養親族等の調査**なども行います。

▶▶▶③税額の計算 （詳細：p62〜）

　課税資料を収集し、下記の算式にて税額を計算します。なお、課税資料が複数ある場合は、名寄せして合算します。

▶▶▶④納税の告知 （詳細：p108〜）

　一般に、地方税を徴収するときは文書により「**納税の告知**」を行わなければなりません。住民税を徴収する際は、納税通知書を、遅くとも納期限前10日までに納税者に交付する必要があります。

▶▶▶⑤不服申立て対応

　税額などへの不服申立てについて、**行政不服審査法**による**審査請求**があります。（税務課で直接この事務に携わることはあまりありません。）

▶▶▶⑥国への報告

　国や都道府県からの照会も多々ありますが、特にボリュームの大きい報告としては、**市町村税課税状況等の調**の提出があります。

▶▶▶⑦証明書発行等 （詳細：p118〜）

　住民税で発行する証明書には**所得証明書**、**課税証明書**、**非課税証明書**などがありますが、これは守秘義務が解除された上で行う情報開示です。個人情報保護のため、代理申請時の交付可否など慎重な対応が必要です。

3 3 ◎…誰に課税するのか

▶▶ 納税義務者

住民税の納税義務者は以下のとおりです。

（1）市町村（道府県）内に住所を有する個人
　　　（法294条①Ⅰ、法24条①Ⅰ）
（2）市町村内（道府県内）に事務所、事業所又は家屋敷を有する
　　　個人でその市町村内に住所を有しない者（法294条①Ⅱ、法24
　　　条①Ⅱ）

●住民税の納税義務者のイメージ

A市に住民票があるXさん

B市に住民票があり、C市にお店を
持っているYさん

▶▶ 納税義務者1：市町村内（道府県内）に住所を有する個人

「市町村内（道府県内）に住所を有する個人」とは、市町村（道府県内の区域内の市町村）の住民基本台帳に記録されている人のことです（法294条②、法24条②）。つまり、**原則的には「住民票のある市町村（道府県）で住民税は課税される」**といえます。なぜなら、住民基本台帳とは市町村において各々の住民票をまとめたもので、住民票とはそこに住んでいることなどを書面で市町村が証明するものだからです。（ちなみに、一般的に住民基本台帳に記録されている住所のことを「住民票のある住所」といいます。）

▶▶ 住民票のない市町村で課税される個人

ただし、例外的に「住民票のある住所」の市町村以外で課税される場合があります。すなわち、実際に住んでいるところを住所とみなして住民税を課税するものです（法294条③前段）。何らかの事情により住民票があるところとは別のところに「生活の本拠」がある、例えば遠隔地に下宿している大学生、仕事の都合で家族と離れて単身赴任中の人、そもそも住所変更の手続きを怠っている人などが対象です。

この「住所」の解釈にあたっては、「地方税法の施行に関する取扱いについて（市町村税関係）（平成22年4月1日 総税市第16号）」が参考になります。住民税における「住所」について地方税法に明確な定義はありませんが、同通知2章6において「納税義務者本人の生活の本拠をいい」とあります。この「生活の本拠」とは、民法22条に規定されている住所の概念であり、生活の中心地というような意味合いで、単に住民票があるか否かではなく日常生活の状況や職業などから総合的に判断されるものです。このことから、「住民票のある住所」以外に「生活の本拠」がある場合は、その「生活の本拠」のある市町村（道府県）で課税されることになります。

なお、実際に住んでいるところ、すなわち「生活の本拠」がある市町村（道府県）により課税された人に対しては、住民票のある市町村（道

府県）は住民税を課税することができません（法294条④）。同通知2章6にも、「（住所とは）地方税法上その施行地を通じて1人1箇所に限られる」とあります。したがって、地方税法上は1人につき複数の住所を持つことはできず、複数の住所候補があるとしても、どこか1箇所を地方税法上の住所と決めないといけません。そのため、「生活の本拠」があるとして住民税を課税した市町村は、その人の住民票が実際にある市町村にその旨を通知しなければなりません（法294条③後段）。課税をした市町村と住民登録をしている市町村とで二重に住民税の課税をしてしまうことを防ぐためです（稀にですが、二重課税は発生します。その場合、両者で協議をしてどちらかの課税を取り消さなければなりません）。ちなみにこの通知は、課税担当の間では、地方税法の条文番号をとって「294-3通知」（「ニィキュウヨンノサンツウチ」)」と呼ばれています。

●単身赴任中のイメージ
D市に住民票がありE市へ単身赴任しているZさん

▶▶ 納税義務者2：市町村内（道府県内）に事務所、事業所又は家屋敷を有する個人

　「市町村内（道府県内）に事務所、事業所又は家屋敷を有する個人でその市町村内に住所を有しない者」とは、住民票のある市町村とは別の市町村の区域内に店舗などを有している人のことです。例えば横浜市に住民票のある人で、川崎市内にレストランを個人事業主として経営している人などがこれに該当します。この事務所、事業所または家屋敷を有

する個人にかかる住民税は、通称「**家屋敷課税**」と呼ばれます（地方税法には「家屋敷課税」という言葉は出てきません）。

事務所、事業所は、同通知1章6において、「事業の必要から設けられた人的及び物的設備であって、そこで継続して事業が行われる場所」と定義されています。具体的には、個人事業主が住宅外に設置する店舗など（診療所、弁護士事務所、税理士事務所、美容室、音楽教室など）が該当します。なお、「継続して事業が行われる」という条件もあるので、2～3ヵ月程度の臨時の事務所などは該当しません。

一方、**家屋敷**とは、例えば別荘などのように自身や家族が住むために住所地以外に設けた独立性のある住宅のことで、いつでも自由に住める状態にあるものです。

事務所、事業所、家屋敷のいずれも、自己の所有ではなく賃借している物件を利用している場合でも、納税義務者に該当します。また、この「家屋敷課税」の税額は均等割額のみで、所得割額はかかりません（法294条①、法24条①）。

なお、神戸市や横浜市のような政令指定都市では、区を1つの市の区域とみなします（法737条）。例えば、神戸市東灘区に住民票があり、神戸市中央区で美容室を個人事業主として経営している人は、神戸市東灘区では「住民として課税」され、神戸市中央区では「家屋敷課税」が課税されます。

▶▶ 課税客体

住民税の課税客体は、理論上、次のとおり説明されます。

図表18　住民税の課税客体概要

均等割		個人が市町村（道府県）内に住所のある事実
	家屋敷課税	市町村内には住所はないが、その市町村（道府県）内に個人事務所、事業所、家屋敷を持つ事実
所得割		市町村（道府県）内に住所のある個人の前年所得

▶▶ 賦課期日

　賦課期日とは、課税要件を確定させる基準となる日のことで、住民税の課税においては１月１日です（法318条、法39条）。

　１月２日以降に他の市町村に転出した場合、その年度の住民税がかかる市町村と実際に支払いを始める際に住んでいる市町村が違うことになります。このことは住民からすると大変わかりにくく、例えば２月に京都市から長岡京市に引っ越した住民から「京都市から税金の納付書が届いている。間違いではないのか？」という問合せが寄せられることがあります（なお、１月１日付で転出した場合は、転出先の市町村で課税します）。

　まとめると住民税とは、①「１月１日時点で市町村内（道府県内）に住所のある個人」および「１月１日時点で市町村内（道府県内）に事務所、事業所、家屋敷を持つ個人でその市町村内に住所を有しない個人」に対して"地域の会費"としてかかる税金（均等割と家屋敷課税）と、②「１月１日時点で市町村内（道府県内）に住所のある個人の前年所得」に対して"所得の額に応じて"かかる税金（所得割）ということになります。

▶▶ 納税義務者が死亡した場合

　住民税の賦課期日は１月１日ですから、１月１日時点で生存していない人には課税をすることができません。例えば、令和４年12月31日に亡くなられた人には、令和５年度住民税を課税することはできません。

　では、令和５年１月１日に亡くなられた人には、令和５年度住民税は、課税することができるのでしょうか。慣れるまでここはとても混乱するところですが、令和５年１月１日に亡くなられた人にも令和５年度住民税を課税することはできません。

　令和５年１月２日以降に亡くなられた人については、令和５年度住民税が課税されることになります。このとき、年度途中の死亡であっても、税額の算出において日割計算などは行わない点に注意が必要です。また、納税者には年度明けに納税通知書を送付しなければなりませんが

（p109）、それまでに死亡している場合はその相続人に納税通知書を送付することになります。具体的には、各相続人に、相続分で按分して計算した額で課税します。例えば1月5日にAが死亡し、相続人B（相続割合1/2）、C（同1/4）、D（同1/4）がいる場合、Aの住民税が8万円だとすれば、Bに4万円、Cに2万円、Dに2万円それぞれ課税することになります。このような課税の考え方を「**納税義務の承継**」といいます（法9条）。

　著者は課税担当に配属されてすぐの研修で、1月2日に亡くなられた場合でも、1年分の住民税が課税されることを知り、「1日だけしかこの年に生きていないのに、1年分の税金がかかってしまうの？　ありえない！」と驚愕したことを記憶しています。課税担当に配属されたばかりの皆さんも同じように思われるかもしれませんが、この感覚こそがむしろ住民にとっては当たり前ということもあります。このことは、「住民税は前年所得に対して課税するという原則」「および1月1日を賦課期日とするということ」から当然に導かれるものです。課税担当の仕事に慣れてくると初任者時代の感覚を忘れそうになってしまいがちですが、住民にとっては家族の死亡届を提出して、故人の税の手続きをすることなど一生に何度もないことですから、窓口などで対応するときには相続人に寄り添いながら丁寧に説明することが大切です。

図表19　住民が死亡したときの課税

【例】住民A、相続人B, C, Dの場合（税額8万円、相続割合はB:1/2, C, D:各1/4）

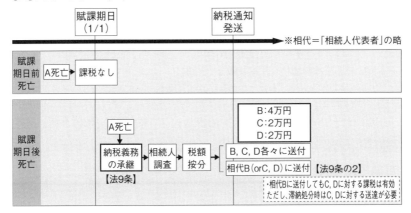

3│4 ◎…いくら課税するのか
①税額の算出過程の全体像

▶▶住民税計算の枠組み

住民税の税額の計算過程は、次のとおりです。

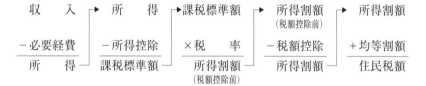

これを具体的な計算順で表すと、次のステップになります。

（1）所得を求める

（2）所得控除を求める

（3）課税標準額を求める＝（1）－（2）〔1,000円未満切捨て〕

（4）所得割額（税額控除前）を求める＝（3）に税率を掛ける〔100円未満切捨て〕

（5）税額控除を求める

（6）所得割額を求める＝（4）－（5）

（7）均等割額を足して住民税額を求める

この中でとりわけ、①所得、②所得控除、③税額控除の各金額の算出が複雑であり、住民税計算のポイントとなります。

▶▶①所得（詳細：p66 〜）

　税法上、所得には図表 20 のとおり 10 種類の所得があります（図表中の記号の意味については後ほど説明します）。

　所得計算のポイントは、**収入額がそのまま所得額にならないという点**です。収入額から収入を得るためにかかった必要経費の金額を差し引いて所得額が求められます。

　なお、**所得額については、原則的に所得税上も住民税上も同じ額**になります（法 313 条②、法 32 条②）。

図表 20　所得の一覧

▲利子所得	公社債や預貯金の利子など
▲配当所得	株主や出資者が法人から受ける剰余金の配当など
○不動産所得	土地や建物、船舶や航空機などの貸付けによる所得
▲事業所得	事業から生まれる所得（営業等所得や農業所得）
○給与所得	俸給や給料、賃金、賞与、歳費など
●退職所得	退職金、一時恩給などの所得
●山林所得	所有期間 5 年超の山林の伐採または譲渡による所得
▲譲渡所得	ゴルフ会員権・金地金・土地・株式などの資産の譲渡による所得
▲一時所得	生命保険の一時金などの営利を目的とする継続的行為からの所得以外の一時の所得で、労務や資産の譲渡による対価ではない所得
▲雑所得	上記 9 つ以外の所得（公的年金等所得、その他）

○：総合課税の対象となる所得
●：分離課税の対象となる所得
▲：所得の内容によって総合課税または分離課税の対象となる所得
※総合課税、分離課税については p64 にて説明

▶▶②所得控除（詳細：p76 〜）

　所得から**所得控除**を差し引くことで課税標準額が求められますが、住民税計算における所得控除には、次のものがあります（図表 21）。なお所得控除については、所得税と住民税とで、控除額が異なります。

図表 21　所得控除（人的控除と物的控除）

人的控除	基礎控除、配偶者控除、配偶者特別控除、扶養控除
	…本人や家族の最低限度の生活維持を目的とするもの
	障害者控除、寡婦控除、ひとり親控除、勤労学生控除
	…本人や家族の特別な事情による追加的費用を考慮し、社会的に弱い立場にあることによる不利な条件を考慮する目的から設けられているもの
物的控除	医療費控除^{（※）}、生命保険料控除、地震保険料控除、社会保険料控除、小規模企業共済等掛金控除、雑損控除

（※）セルフメディケーション税制の特例あり／（注）下線は所得税計算の所得控除と同じもの

▶▶▶ ③税額控除（詳細：p90 〜）

税額控除には住宅借入金等特別税額控除（いわゆる住宅ローン控除）、配当控除、寄附金税額控除、外国税額控除、配当割額控除、株式等譲渡所得割額控除があります。また、調整控除というものもあります。

寄附金税額控除は、ふるさと納税で適用される税額控除としておなじみです（ふるさと納税については p92 で説明します。）。

▶▶ 総合課税と分離課税

具体的な税額計算の話に進む前に、図表 20 中の記号の意味に出てきた総合課税と分離課税について説明しておきましょう。

住民税は原則として、それぞれの所得を合算して、その合計額に対して課税します。しかし、一部の所得については他の所得とは合算せず、それぞれの所得ごとに定められた税率により課税します。このとき、合算する対象に含めて課税することを**総合課税**、合算する対象に含めずに「分離して」課税することを**分離課税**といいます。

納税義務者の中で多いのは給与所得のみ、または、年金所得のみというパターンです。結果、総合課税で税額計算する場合がほとんどです。

▶▶ 課税資料（確定申告書など）

税額計算を行うためには、課税の根拠となる資料を収集する必要があ

ります。その主なものとして p54 で例示した 4 つを詳しく紹介します。

①**所得税の確定申告書**…**確定申告**とは、1 月 1 日から 12 月 31 日までの 1 年間に生じた所得の金額とそれに対する所得税等の額を納税者が自ら計算して確定させる手続きのことです。翌年の 2 月 16 日〜3 月 15 日の間が申告期間となります。受け付けされた「所得税の確定申告書」は、税務署から市町村に写しが回送されます。所得税と住民税は、所得については同じ額になることが原則ですから、確定申告書は最も有力な課税の根拠となります。

なお、前年の所得が給与のみの場合で、年末調整（1 年分の給与から天引きされた所得税額を年末に再計算して過不足を調整すること）がされている場合、医療費控除などを追加する必要がなければ、確定申告をする必要はありません。

②**給与支払報告書**…従業員に給与を支払っている事業者等は、1 月 1 日から 12 月 31 日までの 1 年間に支払った給与の額を、翌年の 1 月 31 日までに市町村に報告する義務があります（法 317 条の 6 ①）（年間給与総額 30 万円以下の退職者分を除く）。この報告書を「給与支払報告書」といいますが、皆さんが 1 月に入ってから給与課から受け取る「給与所得の源泉徴収票」と全く同じ内容・形式です。確定申告をしなくとも、給与支払報告書が市町村に提出されることから、市町村は給与支払額を把握できているのです。

③**公的年金等支払報告書**…日本年金機構（厚生労働大臣）等の年金支払者も 1 月 1 日から 12 月 31 日までの 1 年間に支払った年金の額を、翌年の 1 月 31 日までに市町村に報告する義務があります（法 317 条の 6 ④）。この報告書を「公的年金等支払報告書」といいますが、年金受給者のところに 1 月に入ってから送られてくる「公的年金等の源泉徴収票」と全く同じ内容・形式です。

④**住民税の申告書**…一定の条件を満たす者以外は、賦課期日（1 月 1 日）の住所地の市町村に前年中の所得を申告します（法 317 条の 2 ①、法 45 条の 2 ①）。これを**住民税の申告**といい、この「住民税の申告書」も課税の根拠となる資料となります（確定申告をした人は、住民税の申告をしたとみなされ、別途住民税の申告をする必要はありません）。

3|4 ◎…いくら課税するのか
②所得【基礎編】

▶▶所得とは（収入との違い）

本節では、まず「所得」について説明します。

　前節 p63 で、所得計算のポイントは、収入額がそのまま所得額にならないことだと言いました。これはどのような意味なのでしょうか。

　例えば皆さんのような公務員や、企業などに勤めて労働の対価として給与をもらっている会社員や従業員（給与所得者）にとって、「収入」とは、税金や社会保険料などが天引きされる前の給与の額のことです（通勤手当を除く）。

　一方、税法上、課税対象となる「所得」はこの「収入」から収入を得るために使った費用（これを**必要経費**といいます。）を差し引いたものと定義しています。つまり、**所得とは「もうけ」**のことで、税金はこのもうけに課されるのです。

　一般的には、「収入」と「所得」という言葉について、両者の違いは意識せずに使用されています。市民の方は、税法上の収入と所得の違いを知らない場合が多いので、税額の根拠の説明を求められた場合は、その違いから丁寧に説明する必要があります。

▶▶ 所得の計算（概略）

各所得の計算方法の概略は次のとおりです。

図表22　各所得の計算方法（概略）

▲利子所得	収入金額＝利子所得
▲配当所得	収入金額－株式等を取得するための負債の利子
○不動産所得	総収入金額－必要経費
▲事業所得	総収入金額－必要経費
○給与所得	収入金額－給与所得控除額（または収入金額－特定支出控除額）
●退職所得	（収入金額－退職所得控除額）×1／2
●山林所得	総収入金額－必要経費－特別控除額（50万円）
▲譲渡所得	総収入金額－取得費・譲渡費用－特別控除額（総合課税の場合短期・長期通じて特別控除額は50万円であり、まず短期から控除される。） ※総所得金額を計算する場合には、長期譲渡所得の金額の2分の1の金額が、他の所得の金額と合算される
▲一時所得	総収入金額－その収入に係る支出金額－特別控除額（50万円） ※総所得金額を計算する場合には、一時所得の金額の2分の1の金額が、他の所得の金額と合算される
▲雑所得	（公的年金等）収入金額－公的年金等控除額 （公的年金等以外）総収入金額－必要経費

○：総合課税の対象となる所得
●：分離課税の対象となる所得
▲：総合課税または分離課税の対象となる所得

本書では、このうち代表的な所得である給与所得と年金所得について紹介します。なお、年金所得は、上の表のうち「雑所得」に分類されます（正式には、「公的年金等に係る雑所得」といいます）。

▶▶ 給与所得

　給与所得は、**給与収入から給与所得控除額を差し引くことにより算出します**（所得税法 28 条②）。（この給与所得控除額は、所得控除でも税額控除でもないことに注意してください。あくまで「所得」を算出する上で差し引く金額という意味です。）給与所得者が収入を得るためには、例えばスーツや通勤用の靴などさまざまな必要経費がかかりますが、パソコンやオフィスなど会社が負担している必要経費もたくさんありますし、また一人ひとりについて必要経費を個別に認定することは、課税側の負担も大きすぎます。

　このため、給与所得者については、必要経費に相当する額を次の表にある計算式で導いた給与所得控除額を用いることとしています。

　ただし、給与収入金額が 660 万円以下の場合には、所得税法別表五（年末調整等のための給与所得控除後の給与等の金額の表）にある給与所得の金額が優先されますので、給与収入 660 万円以下の場合は、所得税法別表五を参照して確認してください。

図表 23　給与所得控除額の計算式（令和 3 年度以後）

給与等の収入金額 （給与所得の源泉徴収票の支払金額）		給与所得控除額
	1,625,000 円まで	給与所得控除後の給与所得を所得税法別表五より確認
1.625,001 円から	1,800,000 円まで	
1.800,001 円から	3,600,000 円まで	
3,600,001 円から	6,600,000 円まで	
6,600,001 円から	8,500,000 円まで	収入金額× 10％＋ 1,100,000 円
8,500,001 円以上		1,950,000 円（上限）

（出典）国税庁 HP「No.1410 給与所得控除」から一部改変して引用

【例題】

給与収入が① 103 万円、② 150 万円、③ 201 万円、④ 800 万円の場合、給与所得はいくらになりますか。

【解答】

Case	給与収入	給与所得	算出方法
①	103 万円	48 万円	所得税法別表五を確認
②	150 万円	95 万円	所得税法別表五を確認
③	201 万円	132 万 5,600 円	所得税法別表五を確認
④	800 万円	610 万円	図表 23 から給与所得控除額を計算（190 万円）して給与収入から引き去る

図表 24　所得税法別表五（抜粋）

給与等の金額		給与所得控除後の給与等の金額	給与等の金額		給与所得除後の給与等の金額
以上	未満		以上	未満	
円	円	円	1,992,000	1,996,000	1,314,400
551,000 円未満		0	1,996,000	2,000,000	1,317,200
			2,000,000	2,004,000	1,320,000
			2,004,000	2,008,000	1,322,800
551,000	1,619,000	給与等の金額から 550,000 円を控除した金額	2,008,000	2,012,000	1,325,600

　なお、この給与収入には、毎月の給与だけではなく、賞与（期末・勤勉手当）も合算されますし、複数の企業等から給与収入があれば、すべての合計額となります。

　以上、給与所得は給与収入から給与所得控除額を差し引くことにより算出することを説明しましたが、これ以外にも「所得金額調整控除」を差し引く場合があります。これについては p97 で説明します。

▶▶ 年金所得

　年金所得については「公的年金等に係る雑所得の金額」として、次の計算式および表により計算します（所得税法 35 条②Ⅰ）。

公的年金等に係る雑所得の金額＝(a) × (b) − (c)

(a)：公的年金等の収入金額の合計額　(b)：割合　(c)：控除額
〔1 円未満の端数があるときは、その端数を切り捨てします。〕

図表 25　公的年金等に係る雑所得の速算表 (令和 3 年度以後)

公的年金等に係る雑所得以外の所得に係る合計所得金額が 1,000 万円以下			
年金を受け取る人の年齢	(a) 公的年金等の収入金額の合計額	(b) 割合	(c) 控除額
65 歳未満	（公的年金等の収入金額の合計額が 600,000 円までの場合は所得金額はゼロとなります。）		
	600,001 円から 1,299,999 円まで	100%	600,000 円
	1,300,000 円から 4,099,999 円まで	75%	275,000 円
	4,100,000 円から 7,699,999 円まで	85%	685,000 円
	7,700,000 円から 9,999,999 円まで	95%	1,455,000 円
	10,000,000 円以上	100%	1,955,000 円
65 歳以上	（公的年金等の収入金額の合計額が 1,100,000 円までの場合は、所得金額はゼロとなります。）		
	1,100,001 円から 3,299,999 円まで	100%	1,100,000 円
	3,300,000 円から 4,099,999 円まで	75%	275,000 円
	4,100,000 円から 7,699,999 円まで	85%	685,000 円
	7,700,000 円から 9,999,999 円まで	95%	1,455,000 円
	10,000,000 円以上	100%	1,955,000 円

（出典）国税庁 HP「No.1600 公的年金等の課税関係」から一部改変して引用

　例えば、65 歳以上の人で（a）「公的年金等の収入金額の合計額」が 400 万円の場合、公的年金等に係る雑所得は次の金額となります。

　4,000,000 円× 75% − 275,000 円＝ 2,725,000 円

ただし、この例は「公的年金等に係る雑所得以外の所得に係る合計所得金額」が 1,000 万円以下という前提でした。この金額が 1,000 万円を超える場合は、別の表で計算することになります（図表 26 を参照）。なお、合計所得金額については p77 で後述します。

　また、課税される公的年金等に係る雑所得となるのは、老齢基礎年金、老齢厚生年金、退職共済年金、企業年金などであり（所得税法 35 条③、所得税法施行令 82 条の 2)、障害年金や遺族年金については非課税です。

図表 26　公的年金等に係る雑所得の速算表 (令和 3 年度以後)
※公的年金等に係る雑所得以外の所得に係る合計所得金額が
1,000 万円超 2,000 万円以下の場合

公的年金等に係る雑所得以外の所得に係る合計所得金額が 1,000 万円超 2,000 万円以下			
年金を受け取る人の年齢	(a) 公的年金等の収入金額の合計額	(b) 割合	(c) 控除額
65 歳未満	（公的年金等の収入金額の合計額が 500,000 円までの場合は所得金額はゼロとなります。）		
	500,001 円から 1,299,999 円まで	100%	500,000 円
	1,300,000 円から 4,099,999 円まで	75%	175,000 円
	4,100,000 円から 7,699,999 円まで	85%	585,000 円
	7,700,000 円から 9,999,999 円まで	95%	1,355,000 円
	10,000,000 円以上	100%	1,855,000 円
65 歳以上	（公的年金等の収入金額の合計額が 1,000,000 円までの場合は、所得金額はゼロとなります。）		
	1,000,001 円から 3,299,999 円まで	100%	1,000,000 円
	3,300,000 円から 4,099,999 円まで	75%	175,000 円
	4,100,000 円から 7,699,999 円まで	85%	585,000 円
	7,700,000 円から 9,999,999 円まで	95%	1,355,000 円
	10,000,000 円以上	100%	1,855,000 円

（出典）国税庁 HP「No.1600 公的年金等の課税関係」から一部改変して引用
※公的年金等に係る雑所得に係る合計所得金額が 2,000 万円超の場合は省略

3|4 ◎…いくら課税するのか
③所得【応用編】

▶▶ 損益通算

　前節では「所得」について、給与所得、年金所得（公的年金等に係る雑所得）の例で説明しました。大枠の考え方としてはこれらの所得を合算して「所得」を求めるのが基本ですが、例外的に一部の金額を差し引くこともあります。そのようなケースとして、本節では「損益通算」と「損失の繰越控除」について説明します。

　損益通算とは、一定の所得について生じた損失を、他の所得から控除することをいいます（所得税法 69 条）。対象となる所得は不動産所得、事業所得、譲渡所得、山林所得です。

　給与所得者は、退職などにより失業してしまうと所得は 0 円になりますが、所得がマイナスになるということはあり得ません。一方で、例えば個人事業主としてお店を経営している人などは、収入（売上）から必要経費を差し引くとマイナス（赤字）になることもあります。この赤字を他の所得から差し引くことができるのです。

【例題 1】
次のような事業収入（飲食店経営）と給与収入（別の飲食店でアルバイト）がある者（Aさん）の所得額はいくらになりますか。

事業収入：200 万円
必要経費：260 万円…材料仕入代、水道光熱費、家賃など
給与収入：70 万円
（上記は、令和 5 年度住民税の対象となる収入とする）

（計算例）

■事業所得

事業所得：事業収入 200 万円－必要経費 260 万円＝▲ 60 万円

■給与所得

給与収入 70 万円より、給与所得控除額は 55 万円（所得税法別表五）

→給与所得：給与収入 70 万円－給与所得控除額 55 万円＝ 15 万円

■損益通算

▲ 60 万円＋ 15 万円＝【解答】▲ 45 万円（A さんの純損失の金額）

※**純損失の金額**とは、不動産所得、事業所得、譲渡所得、山林所得のうち、損益通算をしてもなお控除しきれない金額のこと（所得税法 2 条① ⅡⅤ）

　株式等の取引をしている人についても損益通算が適用されます。（上場株式等に係る譲渡損失は、分離課税で申告する配当等所得とのみ損益通算できます（法附則 35 条の 2 の 6）。）

【例題 2】

次のような上場株式譲渡収入と分離課税で申告する上場株式配当収入がある者（B さん）の所得額はいくらになりますか（給与収入等は 0 円）。

上場株式譲渡収入：100 万円

取得費・譲渡費用：120 万円…売却した株式を購入した金額と
　　　　　　　　　　　　　証券会社に支払った手数料

上場株式配当収入：50 万円　株式等を取得するための負債の利子：0 円

（計算例）

■譲渡所得

譲渡所得：上場株式譲渡収入 100 万円－取得費・譲渡費用 120 万円
　　　　　＝▲ 20 万円

■配当所得

配当所得：50 万円（株式等を取得するための負債の利子が 0 円のため）

■損益通算

▲ 20 万円＋ 50 万円＝【解答】30 万円（B さんの所得額）

▶▶ 損失の繰越控除

　損益通算してもなお控除しきれない損失の金額については、一定の条件を満たす確定申告をすることにより、翌年以後最大で3年間にわたり繰り越しして、所得金額から差し引くことができます。これが**損失の繰越控除**です（法313条⑧等、法32条⑧等）。

　【例題1】のAさんの事例で考えてみましょう（なお、令和6年度以降も制度改正がないものと仮定します）。
　Aさんの令和5年度の純損失の金額は損益通算により▲45万円でした。この▲45万円を確定申告により翌年度に繰り越しします。

　〔令和6年度Aさんの収入〕
　事業収入：300万円
　必要経費：290万円…材料仕入代、水道光熱費、家賃など
　給与収入等：0円
　令和5年度からの繰越損失額45万円：繰越1年目

（計算例）
■令和6年度の事業所得
事業収入300万円－必要経費290万円＝事業所得10万円
＝令和6年度のAさんの所得額
■令和5年度からの繰越損失額の適用
　所得額10万円－繰越損失額45万円＝▲35万円
⇒損失の繰越控除を適用してもなお35万円が残ります。これを確定申告により翌年度に繰り越しします。

　〔令和7年度Aさんの収入〕
　必要収入：500万円
　必要経費：500万円…材料仕入代、水道光熱費、家賃など

給与収入等：0円

令和5年度からの繰越損失額：35万円（繰越2年目）

（計算例）

■令和7年度の事業所得

　事業収入500万円－必要経費500万円＝事業所得±0円

　＝令和7年度のAさんの所得額

⇒所得額は0円ですが、残っている繰越損失額の35万円は確定申告により翌年度に繰り越します。（連続して確定申告を行わないと繰越損失額は消滅してしまい、翌年度に繰り越しできません。）

　〔令和8年度Aさんの収入〕

　事業収入：430万円

　必要経費：400万円…材料仕入代、水道光熱費、家賃など

　給与収入等：0円

令和5年度からの繰越損失額35万円：繰越3年目

（計算例）

■令和8年度の事業所得

事業収入430万円－必要経費400万円＝事業所得30万円

＝令和8年度のAさんの所得額

■令和5年度からの繰越損失額の適用

　所得額30万円－繰越損失額35万円＝▲5万円

※損失の繰越控除を適用してもなお5万円が残るが、4年目以後には繰り越しすることはできない（**損失を繰り越しできるのは最大で3年間。**）

　損益通算や損失の繰越控除については、範囲や適用の順序が法令で詳細に定められています。この点については、毎年刊行される『図解地方税』（石橋茂編著、大蔵財務協会）で詳しく説明されています。

3|4 ◎…いくら課税するのか
④所得控除
【はじめに】

▶▶ 所得控除とは

　所得が求められたら、次に所得控除を差し引くことになります。ここからは所得控除について説明していきます。

　所得控除とは、生活費を援助している（扶養している）配偶者や親族がいるとか、医療費の額が大きいなどの個人的事情を考慮して、所得の合計額から一定額を差し引く（控除する）ものの総称です。所得金額が同じでも、配偶者や子ども、両親等の親族を扶養している人と単身者とでは、住民税を負担する能力（担税力）は当然に違います。住民税額を計算する際にはこれらの個人的事情を考慮して、地方税法に定められた一定の額を所得から控除することとされています。

　はじめて税務部門に配属された人であっても、「扶養の枠内で働く」「（子どもが就職したから）扶養から外れる」といった話を耳にしたことがあるのではないでしょうか。これは p80 以降で説明する配偶者控除や扶養控除という所得控除が受けられるか否かということが話題になっているのです。

▶▶▶「合計所得金額」「総所得金額等」

　所得控除額を算出するとき、①**合計所得金額**と②**総所得金額等**という概念が登場します。所得控除の計算の説明に入る前に、これらの説明をしておきます。次ページの図表 27 を見ながら読み進めてください。

　①合計所得金額は、総合課税の対象所得の合計額と分離課税の対象所得の合計額（いずれも損益通算後、損失の繰越控除前）を合算したものです（法 292 条①ⅩⅢ、法 23 条①ⅩⅢ等）。

　次に、総所得金額という概念があります。これは総合課税の対象所得の合計額です。ただし、損益通算や損失の繰越控除の差引計算をした後の金額であることに注意してください。②総所得金額等は、総所得金額に「等」が付いていますが、これは総所得金額に分離課税の対象所得の合計額（損益通算および損失の繰越控除後）を足し合わせたものを意味します。

　言い換えると、①合計所得金額は、②総所得金額等から損失の繰越控除を差し引く前の金額を意味します。（逆に表現すると、②総所得金額等は、①合計所得金額から前年以前からの損失を繰越控除した後の金額だといえます（法 313 条①②、法 32 条①②）。

---

　①合計所得金額＝総合課税の対象所得の合計額
　　　　　　　　＋分離課税の対象所得の合計額
　　　　　　　　（いずれも損益通算後、損失の繰越控除前）

　②総所得金額等＝総所得金額
　　　　　　　　　＋分離課税の対象所得の合計額（損益通算および損失
　　　　　　　　　　の繰越控除後）
　　　　　　　　＝合計所得金額
　　　　　　　　　－前年以前からの損失にかかる繰越控除額

　なお、納税義務者の多くは給与所得者や年金所得者で、分離課税の対象所得がないことがほとんどで、その場合（損失の繰越控除がなければ）

①合計所得金額と②総所得金額等は同額となります。

図表27　合計所得金額と総所得金額等の違い　イメージ図

総合所得	利子所得	損益通算	×1/2	合計所得金額	純損失の繰越控除	総所得金額
	配当所得					
	不動産所得					
	事業所得					
	給与所得					
	雑所得					
	一時所得					
	譲渡所得（土地・建物以外）長期／短期					
分離所得	譲渡所得（土地・建物）長期／短期					総所得金額等
	上場株式等に係る配当所得	損益通算			繰越控除	
	株式等に係る譲渡所得 上場／一般					
	先物取引に係る雑所得等				繰越控除純損失の繰越控除	
	山林所得	損益通算				
	退職所得					

（出典）東京都東久留米市 HP「合計所得金額、総所得金額、総所得金額等関係図」（「合計所得金額」「総所得金額」「総所得金額等」の違い」）から一部改変して引用

　また、合計所得金額や総所得金額等を用いる主な場面については、次の表のとおりです。これらの金額は非課税の判定の際にも用いられます（p113）。

図表28　合計所得金額と総所得金額等（用途別）

用途	合計所得金額	総所得金額等
所得控除の算定	・基礎控除の適用 ・配偶者（特別）控除、扶養控除の適用 ・寡婦控除、ひとり親控除、勤労学生控除の適用	・医療費控除額、雑損控除額の計算
非課税の判定	・均等割非課税の判定 ・障害者、未成年者、寡婦、ひとり親の非課税判定	・所得割非課税の判定

▶▶合計所得金額＝総所得金額等の例

【例題1】
次のような事業収入のある者（Cさん）の合計所得金額と総所得金額等はそれぞれいくらになりますか（収入は事業収入のみで、前年度からの繰越損失額はなし）。

事業収入：200万円　必要経費：150万円

■事業所得

事業収入200万円－必要経費150万円＝事業所得50万円

他に合算する所得がない【解答】合計所得金額：50万円

前年度からの繰越損失額もない【解答】総所得金額等：50万円

▶▶合計所得金額≠総所得金額等の例

【例題2】
次のような事業収入と前年度からの繰越損失額がある者（Dさん）の合計所得金額と総所得金額等はそれぞれいくらになりますか（収入は事業収入のみ）。

事業収入：350万円　必要経費：300万円
前年度からの繰越損失額：30万円

■事業所得

事業収入350万円－必要経費300万円＝事業所得50万円

他に合算する所得がない【解答】合計所得金額：50万円

■前年度からの繰越損失額を適用し、総所得金額等を求める

合計所得金額50万円－繰越損失額30万円

＝【解答】総所得金額等：20万円

◎…いくら課税するのか
⑤所得控除
【人的控除】

▶▶基礎控除

　所得控除の具体的な内容について話を進めましょう。まず、基礎控除です。一定の所得以下のすべての納税義務者には、次の表にあるとおり、**基礎控除**が適用されます。これは、最低限度の生活を維持するのに必要な部分は、担税力を持たないと考えられることから設けられた所得控除です。

図表29　基礎控除額の一覧表

所得額	所得税の控除額	住民税の控除額
合計所得金額2,400万円以下	48万円	43万円
合計所得金額2,400万円超2,450万円以下	32万円	29万円
合計所得金額2,450万円超2,500万円以下	16万円	15万円
合計所得金額2,500万円超	0円	0円

※基礎控除についての所得制限は令和3年度以後の住民税において適用されており、令和2年度以前は適用されていない

▶▶配偶者控除、配偶者特別控除

　納税義務者が生計を一にしている配偶者を有する場合、図表30のとおり、①配偶者の前年の合計所得金額、②納税義務者の前年の合計所得金額に応じて、配偶者控除または配偶者特別控除の適用があります。

　ここでいう「生計を一にしている」とは、日常の生活の資を共にすることをいい、生活費等を常に送金しているのであれば、必ずしも同居が要件になりません。また、内縁の者（社会一般では夫婦としての実質を

もちながら、婚姻の届出がないために法律上の夫婦として認められていない関係にある者）は配偶者控除、配偶者特別控除の対象になりません。

　配偶者控除は、配偶者の前年の合計所得金額が 48 万円以下の場合に適用されるものです。一方、**配偶者特別控除**は、配偶者の前年の合計所得金額が 48 万円を超えた場合でも、前年の合計所得金額 133 万円以下までは、段階的に控除を受けられる制度です。

図表 30　配偶者控除額および配偶者特別控除額の一覧表

配偶者の合計所得金額		納税義務者の合計所得金額					
		900 万円以下		900 万円超 950 万円以下		950 万円超 1,000 万円以下	
		所得税	市県民税	所得税	市県民税	所得税	市県民税
48 万円以下		38 万円	33 万円	26 万円	22 万円	13 万円	11 万円
	老人控除対象配偶者	48 万円	38 万円	32 万円	26 万円	16 万円	13 万円
48 万円超 95 万円以下		38 万円	33 万円	26 万円	22 万円	13 万円	11 万円
95 万円超 100 万円以下		36 万円	33 万円	24 万円	22 万円	12 万円	11 万円
100 万円超 105 万円以下		31 万円	31 万円	21 万円	21 万円	11 万円	11 万円
105 万円超 110 万円以下		26 万円	26 万円	18 万円	18 万円	9 万円	9 万円
110 万円超 115 万円以下		21 万円	21 万円	14 万円	14 万円	7 万円	7 万円
115 万円超 120 万円以下		16 万円	16 万円	11 万円	11 万円	6 万円	6 万円
120 万円超 125 万円以下		11 万円	11 万円	8 万円	8 万円	4 万円	4 万円
125 万円超 130 万円以下		6 万円	6 万円	4 万円	4 万円	2 万円	2 万円
130 万円超 133 万円以下		3 万円	3 万円	2 万円	2 万円	1 万円	1 万円
133 万円超		0	0	0	0	0	0

（出典）神戸市 HP「配偶者控除・配偶者特別控除について」

この表の見方として、次の3点がポイントとなります。

① 配偶者の年齢が70歳以上であれば、老人控除対象配偶者に該当し、控除額が増える。
② 納税義務者の前年の合計所得金額が900万円（給与収入のみの場合、年収1,095万円）を超えると配偶者控除、配偶者特別控除の額が減少する。
③ 納税義務者の前年の合計所得金額が1,000万円（給与収入のみの場合、年収1,195万円）を超えると配偶者控除、配偶者特別控除の適用がなくなる。

なお、ここでいう年齢は前年の12月31日時点で判断し、控除対象配偶者、配偶者特別控除の対象に該当するかどうかについても、前年の12月31日時点（前年の中途で死亡した場合は、その死亡の時）の現況で判断します。前年の12月31日に離婚届を提出した場合は、元配偶者は控除対象配偶者にも、配偶者特別控除の対象にも該当しません。

▶▶ 扶養控除

納税義務者が、次に示す扶養親族の4要件をすべて満たす親族を有する場合は、親族の年齢等に応じて扶養控除が適用できます。

① 配偶者以外の親族（6親等内の血族および3親等内の姻族をいいます。）または都道府県知事から養育を委託された児童（いわゆる里子）や市町村長から養護を委託された老人
② 納税者と生計を一にしていること（日常の生活の資を共にすること。生活費等を常に送金していれば、必ずしも同居を要件とはしない）
③ 前年の合計所得金額が48万円以下（令和2年度以前は38万円以下）であること（給与のみの場合は給与収入が103万円以下）
④ 青色申告者の事業専従者としてその年を通じて一度も給与の支払を受けていないこと、または白色申告者の事業専従者でないこと。

（出典）国税庁HP「No.1180 扶養控除」を基に著者作成

図表 31　扶養控除額の一覧表

区分		所得税の控除額	住民税の控除額
一般の控除対象扶養親族 （16 〜 18 歳、23 〜 69 歳）		38 万円	33 万円
特定扶養親族（19 〜 22 歳）		63 万円	45 万円
老人扶養親族 （70 歳以上）	同居老親等以外の者	48 万円	38 万円
	同居老親等	58 万円	45 万円

（出典）国税庁 HP「No.1180 扶養控除」を基に著者作成

　なお「親族」の定義は「6 親等内の血族および 3 親等内の姻族」です。いわゆる大学生年齢の子供（19 歳〜 22 歳）を扶養している場合は控除額が増額されています。70 歳以上の親族を扶養している場合も控除額が増額されています。70 歳以上の親族であり、本人または配偶者の直系尊属（両親、祖父母など）で、本人または配偶者と同居している場合は控除額がさらに増額されています（図表 31 参照）。

　なお、16 歳未満の扶養親族（年少扶養親族）の場合は、扶養控除の適用はありません。

　ここでいう年齢は前年の 12 月 31 日時点で判断します。また扶養されている状況についても、前年の 12 月 31 日時点（前年の中途で死亡した場合は、その死亡の時）の現況で判断します。

　控除対象となる扶養親族については、複数の納税義務者で 1 人の人物を重複して扶養控除対象とすることはできません。例えば、夫が子を扶養控除適用しているのに、妻も同じ子を扶養控除適用することはできません。このような場合、控除対象となる扶養親族が誰なのかを特定した上で、重複している場合はどちらの扶養控除対象かを確定させなければなりません。

　また、同一人を扶養控除の対象と配偶者（特別）控除の対象として、重複して適用することもできません。例えば、結婚した娘を今までどおり扶養控除適用していた父、新たに妻を配偶者控除適用した夫、これらは重複適用になります。このような場合も、どちらの控除を適用するのかを確認することが必要です（p212）。

▶▶ 障害者控除、寡婦控除、ひとり親控除、勤労学生控除

　今まで紹介してきた人的控除は、本人や家族の最低限度の生活維持を目的とするものです。人的控除にはこれらの他、障がいを持っている、寡婦やひとり親あるいは仕事をしながら学校に通っているなど本人や家族の特別な事情による追加的費用を考慮し、社会的に弱い立場にあることによる不利な条件を考慮する目的から設けられているものもあります。

図表 32　障害者控除、寡婦控除、ひとり親控除、勤労学生控除の概要

所得控除の名称	所得税の所得控除額	住民税の所得控除額
障害者控除	27 万円	障害者 1 人について 26 万円
	40 万円	特別障害者（身体障害者手帳 1 級・2 級、精神障害者手帳 1 級など）は 30 万円
	75 万円	同居特別障害者については 53 万円
寡婦控除	27 万円	前年の合計所得金額 500 万円以下である寡婦（離婚により寡婦になった場合は扶養親族を有する者に限る）について、26 万円 ※納税義務者と事実上婚姻関係と同様の事情にあると認められる一定の人がいる場合は受けられない
ひとり親控除	35 万円	婚姻歴の有無に関わらず現にひとり親であり、前年の総所得金額等が 48 万円以下である生計を一にする子を有する者（前年の合計所得金額 500 万円以下）について、30 万円 ※納税義務者と事実上婚姻関係と同様の事情にあると認められる一定の人がいる場合は受けられない
勤労学生控除	27 万円	次の 3 つの要件を満たす場合は、勤労学生控除として 26 万円 ①前年の合計所得金額が 75 万円以下 ②給与所得など勤労に基づく所得以外の所得が 10 万円以下 ③学校教育法などに規定する学校に通う学生、生徒であること

（出典）東京税務協会編『地方税ガイドブック令和 3 年度』、東京税務協会、2021 年、73 頁～74 頁、石橋茂編著『令和 3 年度版図解地方税』、大蔵財務協会、2021 年、41 頁～54 頁および国税庁 HP「No.1160 障害者控除」「No.1170 寡婦控除」「No.1171 ひとり親控除」「No.1175 勤労学生控除」を基に著者作成

▶▶ （参考）103万円の壁、150万円の壁

「○○万円の壁」という言葉があります。これは、控除が適用になる金額を指しています。

「**103万円の壁**」はアルバイト等などの給与収入額が103万円（p69 Case ①）までであれば、給与所得控除によって給与所得額が48万円以下、つまり配偶者控除（扶養控除）が適用されるというものです（p81、p82）。扶養の範囲内で働きたい人にとっては、103万円という額が収入の壁になるわけです。

「**150万円の壁**」は、アルバイト等の給与収入額が150万円以下（p69 Case ②）であれば、配偶者特別控除を満額受けられるという上限額です（納税義務者の合計所得金額が900万円以下のとき、所得税38万円、住民税33万円の控除、p81）。

同じように「**201万円の壁**」は、給与収入額が201万5,999円（合計所得金額133万円以下の場合）が配偶者特別控除を受けられる上限額です（納税義務者の合計所得金額が900万円以下のとき、所得税3万円、住民税3万円の控除、p81）。

なお、健康保険などの社会保険の扶養対象となる収入基準額はまた別にありますが、本書の範囲を超えるので説明は控えます。ただし、「106万円の壁」、「130万円の壁」などについては、自分で調べて豆知識として知っておいた方がいいと思われます。

3|4 ◎…いくら課税するのか
⑥所得控除
【物的控除】

▶▶ 医療費控除

前節に続いて「所得控除」の説明ですが、本節では物的控除について説明します。まずは、**医療費控除**です。納税義務者が本人または生計を一にする配偶者やその他の親族の医療費を支払った場合も、次の計算式で導かれた額の所得控除を受けることができます。

（医療費－保険等による補填される金額）－①②のいずれか低い金額

① 10万円

② 総所得金額等の金額の5％に相当する金額

※控除上限額は200万円

「保険等による補填される金額」には、高額療養費制度で支給された金額や個人で加入している医療保険から受け取った給付金などが該当します。

「医療費を年間で10万円を超えて使ったら、医療費控除対象となる」と理解されている市民の方も少なくありません。一般的なサラリーマンであれば、総所得金額等が200万円（給与収入のみなら年収297万2,000円）以上の人が多いと思われますが、その場合は上記計算式において①が適用されることになるため、「医療費を年間で10万円を超えて使ったら、医療費控除の対象となる」というのは正しいといえます。

しかし、総所得金額等が200万円未満の場合は医療費10万円以下であっても医療費控除の対象となります。例えば、65歳以上の年金所得者で総所得金額等120万円（収入が公的年金等の収入のみなら、年間年

金額230万円）であれば、120万円×5%＝6万円となりますので、医療費が6万円を超えると医療費控除の適用が可能です。「医療費10万円」という数字だけが独り歩きし、10万円を超えていないとダメだと思い込んでいる人もいますが、医療費控除について尋ねられたら、必ずしも医療費10万円を超えていなくとも控除が適用できる場合があることを説明しましょう。

　なお、医療費控除が適用可能な医療費の範囲ですが、病院等への交通費（原則的には公共交通機関分に限る）も対象になります。タクシー代は、原則的には認められませんが、やむを得ない事情がある場合（急病であったとか、足が不自由で公共交通機関を利用するのが困難であるなど）は対象として認められます。その他、眼鏡の購入費用、差額ベッド代、入院患者の食事代、介護老人保健施設の利用料、人間ドックの費用などさまざまなケースがあります。どこまでが医療費控除の対象と認められるのかについては、参考文献として挙げている『一目でわかる医療費控除』（納税協会連合会、清文社、2022年）などを参照してください。医療費控除については、原則的に所得税と住民税で所得控除額が同じ額となります。

▶▶ 生命保険料控除

　皆さんの中には、死亡した場合に備える生命保険、入院した場合などに給付金が支払われる医療保険や老後の備えとしての個人年金保険などに加入されている人もいるでしょう。これらの保険料については、支払った額に応じて、一定額の所得控除を受けることができます。その計算式は次の表のとおりです。契約した日付により新契約（平成24年1月1日以後に契約）と旧契約（平成23年12月31日以前に契約）に分類されます。

　なお、新旧両方の生命保険契約がある場合は、一般生命保険料と個人年金保険料については、新旧それぞれで控除額を計算してから合計しますが、合計した場合の各控除の適用限度額は所得税で40,000円、住民税で28,000円です。一般生命保険料と個人年金保険料についての旧制

度の適用限度額は、所得税で 50,000 円、住民税で 35,000 円ですから、旧制度のみで所得税の控除額が所得税で 40,000 円超、住民税で 28,000 円超の場合は、旧制度の控除額を適用します。

　各区分の控除額を計算した後に合計しますが、生命保険料控除額の適用限度額は所得税で 120,000 円、住民税で 70,000 円です。

図表 33　生命保険料控除額（新契約）の計算式

区分	所得税		住民税	
	年間払込保険料額	控除される金額	年間払込保険料額	控除される金額
一般生命保険料・介護医療保険料・個人年金保険料（税制適格特約付加）	20,000 円以下	払込保険料全額	12,000 円以下	払込保険料全額
	20,000 円超 40,000 円以下	（払込保険料×1/2）＋ 10,000 円	12,000 円超 32,000 円以下	（払込保険料×1/2）＋ 6,000 円
	40,000 円超 80,000 円以下	（払込保険料×1/4）＋ 20,000 円	32,000 円超 56,000 円以下	（払込保険料×1/4）＋ 14,000 円
	80,000 円超	一律 40,000 円	56,000 円超	一律 28,000 円

生命保険料控除額（旧契約）の計算式

区分	所得税		住民税	
	年間払込保険料額	控除される金額	年間払込保険料額	控除される金額
一般生命保険料・個人年金保険料（税制適格特約付加）	25,000 円以下	払込保険料全額	15,000 円以下	払込保険料全額
	25,000 円超 50,000 円以下	（払込保険料×1/2）＋ 12,500 円	15,000 円超 40,000 円以下	（払込保険料×1/2）＋ 7,500 円
	50,000 円超 100,000 円以下	（払込保険料×1/4）＋ 25,000 円	40,000 円超 70,000 円以下	（払込保険料×1/4）＋ 17,500 円
	100,000 円超	一律 50,000 円	70,000 円超	一律 35,000 円

（出典）生命保険文化センター HP「生命保険と税金」

▶▶ 地震保険料控除、社会保険料控除、小規模企業共済等掛金控除、雑損控除

　物的控除には、これまでに説明した医療費控除と生命保険料控除の他に、地震保険料控除、社会保険料控除、小規模企業共済等掛金控除、雑損控除があります。

図表 34　地震保険料控除、社会保険料控除、小規模企業共済等掛金控除、
　　　　雑損控除の概要

所得控除の名称	所得税の所得控除額	住民税の所得控除額と計算方法（概略）
地震保険料控除	①最高5万円 ②最高1万5千円 ③最高5万円	納税義務者が本人または本人と生計を一にする配偶者やその他の親族の有する資産を対象とした地震保険料等を支払った場合、金額に応じ控除される ①地震保険料のみの控除額 支払った保険料×1/2（控除額の限度額2万5千円） ②損害保険料のみの控除額（平成18年12月31日以前に契約した長期損害保険契約等に限る） 支払った保険料×1/2＋2,500円（控除額の限度額1万円）（保険料5千円以下の場合は、保険料＝控除額となる） ※③　①②両方適用の控除額の限度額2万5千円
社会保険料控除	住民税と同じ金額	納税義務者が本人または本人と生計を一にする配偶者やその他の親族の負担すべき社会保険料を支払った場合には、その支払った金額の全額
小規模企業共済等掛金控除	住民税と同じ金額	納税義務者が小規模企業共済等掛金を支払った場合には、その支払った金額の全額（本人分に限る） ※ iDeCo（個人型確定拠出年金）の掛金もこれに該当
雑損控除	原則として住民税と同じ金額	納税義務者または生計を一にする配偶者やその他の親族が受けた災害または盗難若しくは横領による損失の次のいずれか多い金額 ①（損失の金額－保険等により補填される金額）－（総所得金額等の金額×10％） ②（災害関連支出の金額－5万円） ※特殊詐欺（オレオレ詐欺等）等、詐欺や恐喝の損失は対象外

（出典）東京税務協会編『地方税ガイドブック令和3年度』、東京税務協会、2021、73頁～74頁、石橋茂編著『令和3年度版図解地方税』大蔵財務協会、2021年、41頁～54頁、国税庁HP「No.1145地震保険料控除」「No.1130社会保険料控除」「No.1135小規模企業共済等掛金控除」を基に著者作成

3|4 ◎…いくら課税するのか
⑦税額控除

▶▶ 税額控除とは

本節では、「税額控除」について説明します。

この図のとおり、税額控除は所得控除と異なり、税額から直接差し引くというものです。所得控除は「担税力に即した課税」に着目した仕組みであるのに対して、税額控除は所得の多寡に関わらず一定の金額が所得割額から控除されるものであることから、政策的要請に基づくものと説明されます。

税額控除には住宅借入金等特別税額控除（いわゆる住宅ローン控除）、配当控除、寄附金税額控除、外国税額控除、配当割額控除、株式等譲渡所得割額控除、加えて調整控除があります。本節では、この調整控除と寄附金税額控除について説明を加えます。

▶▶ 調整控除

平成19年に行われた国から地方への税源移譲に際して、所得税と住民税の税率がそれぞれ変更になりました。平成18年度までは、住民税の課税所得金額（所得金額から所得控除額を差し引いた金額）が200万

円以下の場合の標準税率は、市町村民税と道府県民税を合わせて5%でした（所得税の税率は10%）。

　所得税と住民税を合わせた合計の税率15%には変化はなくても（住民税5％＋所得税10%→住民税10%＋所得税5％）、所得税と住民税の人的控除額（基礎控除や扶養控除など人に対しての所得控除）には差が生じます。この「人的控除額の差額」を調整するために設けられた税額控除が調整控除です（法314条の6、法37条）。なお、令和3年度住民税からは、合計所得金額が2,500万円超の場合は調整控除の適用はありません（この所得制限は、令和2年度住民税まではありませんでした）。

　例えば、基礎控除の額は所得税では48万円ですが、住民税では43万円と、5万円の差があります（p80）。一般の扶養控除の額は所得税では48万円ですが、住民税では43万円と、5万円の差があります（p83）。このような人的控除額の差額があることで、税源移譲の結果として所得金額と税率が同じであっても、住民税のほうが所得税よりも課税所得金額が多くなってしまうことを考慮して設けられたのが調整控除です。

　調整控除の金額は、次の計算式で求められます。

| A | ×3%（市町村民税）・2%（道府県民税）

※政令指定都市の場合は、4%（市町村民税）・1%（道府県民税）

　Aの求め方は次のとおり。

ケース①：合計課税所得金額が200万円以下の場合

　人的控除額の差額の合計額
　住民税の合計課税所得金額　　}のいずれか少ない金額

ケース②：合計課税所得金額が200万円超の場合

　人的控除額の差額の合計額－（合計課税所得金額－200万円）

　※5万円未満になる場合はA＝5万円

　※合計課税所得金額とは、総合課税分の課税所得金額＋課税山林所得金額＋課税退職所得金額のことであり、株式等に係る課税譲渡所得金額等は含まない（法314条の6①、法37条①）。ただし、退職所得については、住民税では一般的には所得には合算されない（法328条）。

▶▶ 寄附金税額控除（基本分）

　都道府県・市区町村、特定の法人など、一定の団体に寄附を行った場合は、次の式で計算される金額が所得割額（調整控除を税額控除した後）から税額控除されます。これが寄附金税額控除です（法314条の7、法37条の2）。寄附金税額控除の適用を受けるためには、原則的には税の申告（所得税の確定申告または住民税の申告。p65参照）が必要となります。この控除の対象となる団体の範囲については、『図解地方税』等を参照してください。なお、寄附金の合計額は、総所得金額等の30%が限度です。

（寄附金の合計額－2,000円）×6%（市町村民税）・4%（道府県民税）
※政令指定都市の場合は、8%（市町村民税）・2%（道府県民税）

▶▶ 寄附金税額控除（特例分・ふるさと納税）

　市区町村および道府県（東京都は制度の対象外）への寄附については、基本分で計算された税額控除額に加えて、次の式で計算される金額が上乗せして税額控除されます。いわゆる「ふるさと納税」がこれに該当します（p103の例題参照）。なお、特例控除額は、所得割額（調整控除のみを税額控除した後）の20%が限度です。

（ふるさと納税の合計額－2,000円）×図表35の割合×3／5（市町村民税）・2／5（道府県民税）
※政令指定都市の場合は、4／5（市町村民税）・1／5（道府県民税）

▶▶ 寄附金税額控除（ワンストップ特例分・ふるさと納税）

　税の申告を行う予定のない人がふるさと納税をした場合、寄附した自治体に対して「寄附金税額控除に係る申告特例申請書」を提出することで、税の申告を行うことなく、ふるさと納税分の寄附金税額控除の適用

を受けることができます。これを「**ワンストップ特例制度**」といいます（法附則7条）。

　ワンストップ特例制度を利用した場合は、前項のふるさと納税による特例控除額に加えて、次の式で計算される金額が上乗せして税額控除されます（p103の例題参照）。

特例控除額×図表36の割合×3／5（市町村民税）・2／5（道府県民税）

※政令指定都市の場合は、4／5（市町村民税）・1／5（道府県民税）

図表35　特例分（ふるさと納税）の税額控除額の計算で用いる割合

課税総所得金額－人的控除額の差額		割合
	195万円以下	84.895%
195万円超 ～	330万円以下	79.79%
330万円超 ～	695万円以下	69.58%
695万円超 ～	900万円以下	66.517%
900万円超 ～	1,800万円以下	56.307%
1,800万円超 ～	4,000万円以下	49.160%
4,000万円超		44.055%

※課税総所得金額は総合課税の対象となる所得から所得控除額を差し引いた額

図表36　ワンストップ特例分の税額控除額の計算で用いる割合

課税総所得金額－人的控除額の差額		割合
	195万円以下	84.895分の5.105
195万円超 ～	330万円以下	79.79分の10.21
330万円超 ～	695万円以下	69.58分の20.42
695万円超 ～	900万円以下	66.517分の23.483
900万円超		56.307分の33.693

3|4 ◎…いくら課税するのか
⑧税額計算例
【給与所得者】

▶▶ 住民税の税額計算手順

繰り返しになりますが、住民税の税額の計算過程は次のとおりです。

具体的な計算手順は次のとおりになります。

（1）所得を求める

（2）所得控除を求める

（3）課税標準額を求める＝（1）－（2）〔1,000円未満切捨て〕

（4）所得割額（税額控除前）を求める＝（3）に税率を掛ける〔100円未満切捨て〕

（5）税額控除を求める

（6）所得割額を求める＝（4）－（5）

（7）均等割額を足して住民税額を求める

　本節では、①給与所得者と②給与と年金の両方の所得がある者のケースについて具体的に見ていきます。

　4月にはじめて住民税の課税担当になった人は、まずは秋までに本節で扱う①②のケースについて、税額計算の根拠を市民にわかりやすく説

明できるようになるのを目標に頑張ってください。

　次節で扱う事業所得者のケース（損益通算など）や分離課税の対象となる所得（株式等の譲渡所得など）がある場合などは、私たち給与所得者には馴染みの薄いものなので、最初は戸惑うところです。①②のケースがしっかり理解できた後に、秋以降に実際の事例にあたりながら理解を深めて、年明け2月以降の新年度の税申告に備えられるのが理想です。

▶▶ 税額計算例（給与所得者・その1）

【例題1】
次のような給与所得者（Eさん）の住民税額はいくらになりますか。
所得割額および均等割額はいずれも標準税率とする（以下、同じ）。

給与収入：550万円　配偶者：有（配偶者は収入無・70歳未満）
扶養親族：1人（高校生の子）　社会保険料：70万円

(1) 所得を求める
所得税法別表五を参照する。
給与収入550万円より、給与所得は396万円。

(2) 所得控除を求める

基礎控除	43万円
配偶者控除	33万円　∵配偶者が収入無（70歳未満）
一般扶養控除	33万円　∵子の年齢が16 ～ 18歳（高校生）
社会保険料控除	70万円
計	179万円

(3) 課税標準額を求める
396万円 − 179万円 = 217万円

（4）所得割額（税額控除前）を求める

	課税標準額	税率	税額控除前
市町村民税	217万円 ×	6% =	13万 200円
道府県民税	217万円 ×	4% =	8万6,800円

（5）税額控除を求める

■調整控除（p90）

合計課税所得金額：217万円（課税標準額と同じ金額）

人的控除額の差額：①5万円＋②5万円＋③5万円＝15万円

※①：基礎控除分（p80）②：配偶者控除分（p81）③：一般扶養控除分（p83）

合計課税所得金額が200万円超なので、p91のケース②を採用

→ 15万円 － （217万円 － 200万円）＝ － 2万円＜5万円　より、

	乗率	調整控除額
市町村民税	5万円 ×	3% =	1,500円
道府県民税	5万円 ×	2% =	1,000円

（6）所得割額を求める

	税額控除前	税額控除	所得割額
市町村民税	13万200円 －	1,500円 =	12万8,700円
道府県民税	8万6,800円 －	1,000円 =	8万5,800円

（7）均等割額を足して住民税額を求める

	所得割額	均等割額	住民税額
市町村民税	12万8,700円 ＋	3,500円 =	13万2,200円
道府県民税	8万5,800円 ＋	1,500円 =	8万7,300円

【解答】Eさんの住民税額 　21万9,500円

▶▶ 所得金額調整控除

　ここで、p68-69 で給与所得の計算方法を説明した際に後回しにしていた**所得金額調整控除**の説明をしておきます。

　所得金額調整控除とは、次の2つケースのいずれかに該当する給与所得者について、給与所得額から控除される一定の額のことです。

> ケース①給与収入額が 850 万円を超える給与所得者で、次のアからウのいずれかに該当する場合（租税特別措置法 41 条の 3 の 3 ①③）
>
> 　ア）納税義務者本人が特別障害者
> 　イ）年齢 23 歳未満の扶養親族を有する
> 　ウ）特別障害者である同一生計配偶者もしくは扶養親族を有する
> ※同一生計配偶者とは、納税義務者と生計を一にする配偶者で前年の合計所得金額が 48 万円以下の者（青色事業専従者および事業専従者に該当する者を除く）

所得金額調整控除額＝
{ 給与収入額（1,000 万円超の場合は 1,000 万円）－ 850 万円 } × 10%

　なお、同一生計配偶者や扶養親族については、他の納税義務者と控除の重複適用はできませんが（p83）、この所得金額調整控除にはそのような制限はありません。例えば、夫婦共に給与収入額が 850 万円を超えていて、23 歳未満の扶養親族がいる場合は、夫婦共に所得金額調整控除の適用が可能です。

> ケース②給与所得と年金所得の両方があり、その合計額が 10 万円を超える場合（租税特別措置法 41 条の 3 の 3 ②）

所得金額調整控除額＝
{ 給与所得額（10 万円超の場合は 10 万円）＋ 公的年金等所得に係る雑所得額（10 万円超の場合は 10 万円）}－ 10 万円

ケース①と②の両方に該当する場合は、①の額を給与所得額から控除した後、②の額を①適用後の給与所得額から控除します（租税特別措置法41条の3の3②）。

　次のページの例題2のFさんは、給与収入額が900万円と850万超であり、23歳未満の扶養親族を有するので、ケース①に該当し、給与所得に対して所得金額調整控除が適用されます。Fさんに適用される所得金額調整控除額の計算式は、次のようになります。

　｜900万円（給与収入額）－ 850万円｜× 10％ ＝ 5万円

　所得金額調整控除は、令和3年度住民税（令和2年分所得税）から適用が始まりました。

　ケース①については、令和3年度住民税（令和2年分所得税）から給与収入が850万円超の場合の給与所得控除額が引き下げられることになりましたが、子育て等の負担のある人への負担が増え過ぎないようにするために設けられました。

　ケース②については、令和3年度住民税（令和2年分所得税）から基礎控除額がそれまでの33万円から43万円に10万円引き上げられ、一方で給与所得控除額および公的年金等控除額が10万円引き下げられました。このことにより、給与所得および公的年金等に係る雑所得のいずれかのみを有する人については、基礎控除額が10万円増える代わりに、控除額が10万円減るので、実質的な負担は増えません。しかし、給与所得と公的年金等に係る雑所得の両方を有する人については、給与所得控除額と公的年金等控除額の両方が10万円引き下げられることから、基礎控除額が10万円引き上げられたとしても、負担が増えることがありえます。所得金額調整控除は、このような給与所得と公的年金等に係る雑所得の両方を有する人の負担を増やさないために設けられたのです。

　所得金額調整控除は、初任者にとっては慣れるまで混乱するところであり、また市民への説明に苦慮するところですが、単に計算式を覚えるだけではなく、制度趣旨を理解すれば理解が早まります。次のページ以降の税額計算例では、所得金額調整控除が必要になるケースを扱います。

▶▶▶ 税額計算例（給与所得者・その2）

【例題2】

次のような給与所得者（Fさん）の住民税額はいくらになりますか。

給与収入：900万円　配偶者：有（配偶者は給与収入500万円）

扶養親族：2人（20歳の子1人・高校生の子1人）

社会保険料：125万円

生命保険料：旧生命保険12万円、新介護医療保険2.8万円

（1）所得を求める

■給与所得控除額

給与収入900万円より、給与所得控除額は195万円（p68の図表23）。

■所得金額調整控除額

Fさんは給与収入が850万円を超えていて、年齢23歳未満の扶養親族を有しているので、給与所得から所得金額調整控除額は5万円（p98）。

⇒以上より、給与所得：900万円 − 195万円 − 5万円 ＝ 700万円

（2）所得控除を求める

基礎控除	43万円	
配偶者（特別）控除	0　円	∵Bさんの配偶者は年収500万円
特定扶養控除	45万円	∵子の年齢が20歳
一般扶養控除	33万円	∵子の年齢が16～18歳（高校生）
社会保険料控除	125万円	
生命保険料控除	5.5万円	下記※参照
計	251.5万円	

※旧生命保険…保険料が上限額の7万円を超えているので、控除額は旧生命保険の上限の3.5万円

※新介護医療保険…2.8万円 × 1/2 ＋ 6千円 ＝ 2.0万円

（３）課税標準額を求める

700 万円 − 251.5 万円 = 448.5 万円

（４）所得割額（税額控除前）を求める

	課税標準額		税率		税額控除前
市町村民税	448.5 万円	×	6%	=	26 万 9,100 円
道府県民税	448.5 万円	×	4%	=	17 万 9,400 円

（５）税額控除を求める

■調整控除

合計課税所得金額：448.5 万円（課税標準額と同じ金額）

人的控除額の差額：① 5 万円 + ② 18 万円 + ③ 5 万円 = 28 万円

※①：基礎控除分、②：特定扶養控除分、③：一般扶養控除分

合計課税所得金額が 200 万円超なので、p91 のケース②を採用

→ 28 万円 −（448.5 万円 − 200 万円）= − 220.5 万円＜ 5 万円　より、

			乗率		調整控除額
市町村民税	5 万円	×	3%	=	1,500 円
道府県民税	5 万円	×	2%	=	1,000 円

（６）所得割額を求める

	税額控除前		税額控除		所得割額
市町村民税	26 万 9,100 円	−	1,500 円	=	26 万 7,600 円
道府県民税	17 万 9,400 円	−	1,000 円	=	17 万 8,400 円

（７）均等割額を足して住民税額を求める

	所得割額		均等割額		住民税額
市町村民税	26 万 7,600 円	+	3,500 円	=	27 万 1,100 円
道府県民税	17 万 8,400 円	+	1,500 円	=	17 万 9,900 円

【解答】F さんの住民税額　45 万 1,000 円

▶▶ 税額計算例（給与所得と年金所得の両方がある場合）

第3章 住民税の課税業務は何をするの？

【例題3】
次のような給与所得と年金所得の両方がある者（Gさん・68歳）の住民
税額はいくらになりますか。

給与収入：60万円　年金収入：240万円　配偶者：無
扶養親族：無
社会保険料：30万円

(1) 所得を求める
■給与所得控除額
所得税法別表五を参照する。
給与収入60万円より、給与所得控除額は55万円
■年金所得控除額
年金収入240万円、年齢65歳以上より、年金所得控除額110万円（p70
の図表25参照）
■所得金額調整控除額
Gさんは給与所得と年金所得の両方を有している
→所得金額調整控除のケース②が適用される（p97）
→｛給与所得額5万円 + 公的年金等所得に係る雑所得額10万円｝
　 − 10万円 = 5万円
⇒以上より、給与所得：60万円 − 55万円 − 5万円 = 0円
　　　　　　　年金所得：240万円 − 110万円 = 130万円

(2) 所得控除を求める

基礎控除	43万円
社会保険料控除	30万円
計	73万円

（3）課税標準額を求める

給与所得 0 円 + 年金所得 130 万円 − 所得控除 73 万円 = 57 万円

（4）所得割額（税額控除前）を求める

	課税標準額		税率		税額控除前
市町村民税	57 万円	×	6%	=	3 万 4,200 円
道府県民税	57 万円	×	4%	=	2 万 2,800 円

（5）税額控除を求める

■調整控除

合計課税所得金額：57 万円（課税標準額と同じ金額）

人的控除額の差額：5 万円（基礎控除分）

合計課税所得金額が 200 万円以下なので、p91 のケース①を採用

→合計課税所得金額と人的控除額の差額の小さい方は 5 万円なので、

			乗率		調整控除額
市町村民税	5 万円	×	3%	=	1,500 円
道府県民税	5 万円	×	2%	=	1,000 円

（6）所得割額を求める

	税額控除前		税額控除		所得割額
市町村民税	3 万 4,200 円	−	1,500 円	=	3 万 2,700 円
道府県民税	2 万 2,800 円	−	1,000 円	=	2 万 1,800 円

（7）均等割額を足して住民税額を求める

	所得割額		均等割額		住民税額
市町村民税	3 万 2,700 円	+	3,500 円	=	3 万 6,200 円
道府県民税	2 万 1,800 円	+	1,500 円	=	2 万 3,300 円

【解答】Gさんの住民税額 5 万 9,500 円

▶▶ 参考　ふるさと納税のある例

　ふるさと納税については、（1）〜（5）の調整控除額までの計算を同様に行い（p94-102）、その後寄附金税額控除額の計算を行います。

> 【例題1】の給与所得者（Eさん）が、ふるさと納税を4万2,000円して、ワンストップ特例制度を利用したら住民税額はいくらですか。
> 給与収入：550万円　配偶者：有（配偶者は収入無・70歳未満）扶養親族：
> 1人（高校生の子）社会保険料：70万円　ふるさと納税額：4万2,000円

（5）税額控除を求める

●基本分（寄附金税額控除）

寄附金の合計額4万2,000円 − 2,000円 = 4万円

市町村民税分：4万円 × 6 % = 寄附金税額控除額 2,400円

道府県民税分：4万円 × 4 % = 寄附金税額控除額 1,600円

●特例分（p93の図表35からEさんに適用される割合は79.79%になる）

課税総所得金額217万円 − 人的控除差額（15万円）= 202万円

市町村民税分：4万円 × 79.79% × 3/5 = 寄附金税額控除額 19,150円

道府県民税分：4万円 × 79.79% × 2/5 = 寄附金税額控除額 12,767円

●ワンストップ特例分（p93の図表36参照）

市県民税特例控除額 + 道府県民税特例控除額 = 31,917円

市町村民税分：31,917円 × 10.21/79.79 × 3/5 = 寄附金税額控除額 2,451円

道府県民税分：31,917円 × 10.21/79.79 × 2/5 = 寄附金税額控除額 1,634円

●基本分 + ●特例分 + ●ワンストップ特例分

寄附金税額控除額：市町村民税分 = 24,001円、道府県民税分 = 16,001円

（6）所得割額を求める

税額控除前 − 税額控除 = 市町村民税所得割額 10万4,600円、道府県民税所得割額6万9,700円　※税額は、100円未満切捨て　※税額控除の額は、調整控除額（市町村民税1,500円、道府県民税1,000円）と寄附金税額控除額の合計額

（7）均等割額を足して住民税額を求める

所得割税 + 均等割額 = 市町村民税 10万8,100円、道府県民税 7万1,200円

【解答】Eさんの住民税額 | 17万9,300円 |

◎…いくら課税するのか

⑨税額計算例【事業所得者／分離課税】

▶▶▶税額計算例（事業所得者　損益通算や繰越控除のある場合）

【例題4】
次のような給与所得と事業所得の両方がある者（Hさん）の合計所得金額と総所得金額等はそれぞれいくらになりますか。また、住民税額はいくらになりますか。

事業収入：200万円　必要経費：210万円　給与収入：200万円
前年度からの繰越損失額：20万円　配偶者：無
扶養親族：無　社会保険料：20万円

(1) 所得を求める

事業収入200万円－必要経費210万円＝事業所得▲10万円
給与収入200万円より、給与所得は132万円（所得税法別表五を参照）。

■損益通算

事業所得▲10万円＋給与所得132万円＝ 122万円

【解答】Hさんの合計所得金額

■前年度からの繰越損失額の適用

合計所得金額122万円－繰越損失額20万円＝ 102万円

【解答】Hさんの総所得金額等

(2) 所得控除を求める

基礎控除	43万円
社会保険料控除	20万円
計	63万円

（3）課税標準額を求める

102万円 − 63万円 = 39万

（4）所得割額（税額控除前）を求める

	課税標準額		税率		税額控除前
市町村民税	39万円	×	6%	=	2万3,400円
道府県民税	39万円	×	4%	=	1万5,600円

（5）税額控除を求める

■調整控除

合計課税所得金額：39万円（課税標準額と同じ額）

人的控除額の差額：5万円（基礎控除分）

合計課税所得金額が200万円以下なので、p91のケース①を採用

→5万円＜39万円　より、

			乗率		調整控除額
市町村民税	5万円	×	3%	=	1,500円
道府県民税	5万円	×	2%	=	1,000円

（6）所得割額を求める

	税額控除前		税額控除		所得割額
市町村民税	2万3,400円	−	1,500円	=	2万1,900円
道府県民税	1万5,600円	−	1,000円	=	1万4,600円

（7）均等割額を足して住民税額を求める

	所得割額		均等割額		住民税額
市町村民税	2万1,900円	＋	3,500円	=	2万5,400円
道府県民税	1万4,600円	＋	1,500円	=	1万6,100円

【解答】Hさんの住民税額 4万1,500円

▶▶ 税額計算例（分離課税の対象となる所得もある場合）

【例題5】
次のような給与所得に加えて、分離課税の対象となる所得もある者（I さん）の住民税額はいくらになりますか。

給与収入：100万円　上場株式の譲渡収入：800万円　取得費・譲渡費用：600万円　配偶者：無　扶養親族：無　社会保険料：50万円

---

(1) 所得を求める

所得税法別表五を参照する。給与収入100万円より、給与所得は45万円（総合課税の対象となる所得）

上場株式の譲渡収入800万円 − 取得費・譲渡費用600万円 ＝ 上場株式譲渡所得200万円（分離課税の対象となる所得）

(2) 所得控除を求める

基礎控除	43万円
社会保険料控除	50万円
計	93万円

(3) 課税標準額を求める

45万円 − 93万円 ≦ 0（総合課税の対象となる所得を全額控除してもなお48万円所得控除額が余る。総合課税分の課税所得は、0円となる。）

引き去りできなかった所得控除額の残額（48万円）は、分離課税の対象となる所得から控除する。200万円 − 48万円 ＝ 152万円

（4）所得割額（税額控除前）を求める

	課税標準額		税率		税額控除前
市町村民税	152万円	×	3%	=	4万5,600円
道府県民税	152万円	×	2%	=	3万400円

上場株式に係る譲渡所得の税率は、市町村3%、道府県2%（法附則35条の2の2①⑤）。

　　※政令指定都市の場合は、市4%、道府県1%

（5）税額控除を求める

■調整控除

合計課税所得金額：0円

　　※合計課税所得金額には、株式等に係る課税譲渡所得金額は含まれない（p91）

人的控除額の差額：5万円（基礎控除分）

合計課税所得金額が200万円以下なので、p91のケース①を採用

→5万円＞0円　より、

			乗率		調整控除額
市町村民税	0円	×	3%	=	0円
道府県民税	0円	×	2%	=	0円

（6）所得割額を求める

	税額控除前		税額控除		所得割額
市町村民税	4万5,600円	−	0円	=	4万5,600円
道府県民税	3万400円	−	0円	=	3万400円

（7）均等割額を足して住民税額を求める

	所得割額		均等割額		住民税額
市町村民税	4万5,600円	＋	3,500円	=	4万9,100円
道府県民税	3万400円	＋	1,500円	=	3万1,900円

【解答】 Iさんの住民税額　　8万1,000円

3|5 ◎…どのように 税額を伝えるか（納税の告知）

▶▶ 納税の告知

　皆さんには、計算した住民税の額を納税者に文書で伝える仕事があります。これを**納税の告知**といいます。納税の告知を地方税法に定められた形式の文書（納税通知書）で適切に行わない限り、納税義務は確定せず、税を徴収することはできません（法13条①）。

▶▶ 納税通知書

　納税の告知を行うために、納税者に送る文書が**納税通知書**です。税務部門職員の間では、「ノウツウ」と略称されています。給与から住民税を特別徴収される人に送る**特別徴収税額通知書**も納税通知書とみなされます。

　ここで皆さんの勤務している自治体の納税通知書と特別徴収税額通知書（の見本）を手に取ってみてください。それらには納付すべき住民税について、以下の10項目について記載されていることが確認できるはずです（法1条①Ⅵ）。

　①賦課（税額を割り当てて負担させること）の根拠となった法律および条例の規定、②納税者の住所および氏名、③課税標準額、④税率、⑤税額、⑥納期、⑦各納期における納付額、⑧納付の場所、⑨納期限までに税金を納付しなかった場合において執られるべき措置、⑩賦課に不服がある場合における救済の方法。

▶▶▶ 納税通知書の送達期限

　納税通知書は、遅くとも、納期限前10日までに納税者に送達（書類が送付されること）されなければなりません（法319条の2③）。「納期限前10日」とは、納期限の前日を第1日として逆算して、10日目にあたる日をいいます。

　普通徴収の場合の納期は、6月、8月、10月および1月中で、条例で定めることとされています（法320条）。例えば、6月30日を最初の納期限とする場合の納税通知書は、遅くとも6月20日には到着していなければなりません。

　給与からの特別徴収の場合は、特別徴収税額通知書を5月31日までに特別徴収義務者（給与からの引き去りを行う企業等）および特別徴収義務者を経由して納税義務者に対して通知しなければなりません（法321条の4②）。

▶▶▶ 郵便による送達と返戻調査

　一般に納税通知書の送付は郵送で行いますが、郵便による送達は書留による必要はなく、普通郵便で行うことができます。この場合、普通郵便が通常到達すべきであった時に送達があったものと推定できます。ただし、普通郵便による送達の場合は、その書類の名称、送達を受けるべき者の氏名、宛先および発送の年月日を確認するための記録の作成が必要です（法20条①④⑤）。

　郵送した納税通知書が「あて所に尋ねあたりません」と返戻されてくることが時々あります。郵便物が返戻された場合は、本人の手元に届いているわけではありませんから、納税の告知は有効に成立していません。対象者の住所を元勤務先に照会したり、徴収担当や庁内他部門と連携するなどして調査を行います。再送先が判明した場合で、納期限前10日までに送達が困難と予測される場合は、改めて次の納期限分として納税通知書を作成し直すなどして、郵便により送達します。

なお、納期限が変更となった場合は、徴収（収納）担当としっかり情報共有する必要があります。なぜなら納期限までに納税がなければ、徴収担当から督促状を送達することになりますが、納期限が変更となったことを知らなければ、督促状を誤って送達することになりかねないからです。

また、返戻調査の中で、納税者が死亡していたというケースも考えられます。その場合は戸籍調査を行い、相続人を特定するなどの対応が必要となります。

▶▶ 交付送達、補充送達、差置送達

返戻調査をしても再送先が不明の場合は、返戻となった住所地を実際に訪問します。その際には、トラブルの発生を未然に防止するためにも、1人ではなく複数人で訪問することが望ましいです。また徴税吏員証を忘れないようにしましょう。実際に本人に会えた場合は、納税通知書を手渡ししても構いません。職員が直接に書類を交付することを**交付送達**といいます（法20条②）。交付送達を行う場合は、交付する者にその旨を記載した書面への署名を求めます。また本人に異議がなければ、勤務先などに送付しても構いません（法20条②ただし書）。本人不在の場合は、同居の者に渡すこともできます（**補充送達**）（法20条③Ⅰ）。

本人も同居の者も不在の場合や正当な理由なく受取りを拒んだ場合は、玄関内や郵便ポスト等に差し置くことも認められています（法20条③Ⅱ）。これを**差置送達**といいますが、この場合はその理由を記載した記録を残しておくことが必要です。また、送達した様子の写真を撮っておくなど、確実に送達した記録を残しておくことも重要です。

▶▶ 公示送達

返戻された納税通知書について、実地調査などを尽くしても送達先が不明である場合、または外国においてすべき送達について困難な事情があると認められる場合は**公示送達**を行います（法20条の2①）。

具体的には、送達すべき書類を保管していること、いつでも送達を受けるべき者に交付する旨を、各自治体で定めた場所にある掲示場に掲示します（法20条の2②）。公示送達の事務を経験したことがない人であっても、庁舎の入り口付近に掲示板があって、その中に書類がいろいろ貼り付けられているのを見たことがあるのではないでしょうか。

公示送達を行う場合は、掲示を始めた日から起算して7日を経過したとき（つまり掲示を始めた日を1日目として8日目）に書類の送達があったものとみなすことができます（法20条の2③）。例えば、8月31日が納期限の納税通知書について公示送達を行う場合は、納期限前10日である8月21日までに送達を行わなければならないので、遅くとも8月14日までに公示送達を行わなければなりません。このタイムスケジュールに加えて、公示送達の決裁事務にかかる時間も考慮して相当に余裕を持って準備をする必要があります。

なお、これまで説明してきた送達の考え方は、固定資産税の課税においても同様です。なぜなら、地方税法上、市町村民税は第3章第1節、固定資産税は同第2節に規定がありますが、地方税のすべての税目について共通する内容は第1章「総則」に規定されており、送達方法はこの総則の中に規定されているからです。課税業務を行う上では、この総則部分も理解しておく必要があります（p209参照）。

▶▶▶ 納税管理人制度

納税義務者は納税義務を負う市町村内に住所等を有しない場合に、納税に関する一切の事項を処理させる人（**納税管理人**）を定めて、市町村長に申告または申請しなければなりません（法300条）。具体的には、海外転出する際に同居親族に納税管理人を依頼するケースなどがあります。この「一切の事項を処理させる」の中に納税通知書の受取りが含まれるため、納税管理人が設定されている場合、納税通知書の送付先は納税管理人宛とする必要があります。

3│6 ◎…住民税が かからないケース （非課税）

▶▶ 非課税の意義

　一定の条件を満たす場合、住民税を課税しないものとする非課税の制度が定められています。住民税には均等割と所得割がありましたが、①両方が非課税となる場合、②均等割が非課税となる場合、③所得割が非課税となる場合が規定されています。

　特に均等割は、住民である限りできるだけ広い層に均等の税率（税額）が課せられる「地域の会費」的な性格を持つものです。しかしながら、所得が少ない、あるいは全くないなど、税金を負担することが困難な者にまで負担を求めるのは適当ではないと考えられることから、このような非課税の制度が設けられています。

▶▶ 非課税となる者

　均等割も所得割も非課税となるのは、1月1日（賦課期日）時点で、次の条件に該当する者です（各控除に該当するかを判断するのは前年の12月31日時点です）。

①生活保護法の規定による生活扶助を受けている者（法295条①I、法24条の5①I）。

※なお、生活扶助を受けておらず、それ以外の扶助（教育扶助、住宅扶助、医療扶助、介護扶助、出産扶助、生業扶助、葬祭扶助）を受けている場合は非課税には該当しません（生活保護制度には、日常生活に必要

な費用を支給する生活扶助の他に、アパートなどの家賃を支給する住宅扶助、医療サービスの費用を支給する医療扶助などがあります）。

②障害者、未成年者、寡婦又はひとり親で、前年の合計所得金額が135万円以下の者（法295条①Ⅱ、法24条の5①Ⅱ）（なお令和2年度住民税までは、125万円以下の者）。

▶▶▶ 均等割が非課税となる者（均等割の非課税限度額）

　均等割のみを課すべき者のうち、前年の**合計所得金額**が次の計算式によって導かれる金額（均等割の非課税限度額）以下である者については、均等割を課すことができません。均等割が非課税になる金額は、地方税法施行令に定める基準に従い市町村条例で定められています（法295条③、法24条の5③、令47条の3）。配偶者の有無や扶養親族（16歳未満の年少扶養親族も含む）の数によって、その金額の計算式は変わります。なお、**この均等割の非課税基準を満たす場合は、次節に示す所得割の非課税基準を同時に満たすこととなるため、均等割と所得割ともに課税されないこととなります。**

◆均等割の非課税限度額の計算式

　Case①　同一生計配偶者および扶養親族を有しない場合
　Case②　同一生計配偶者または扶養親族を有する場合

Case①	Case②	
基本額 ＋10万円	基本額×A ＋10万円 ＋加算額	（Aの数） 同一生計配偶者あり…＋1 扶養親族あり　　…＋扶養親族数 上記に加えて　　…＋1

※同一生計配偶者とは、納税義務者と生計を一にする配偶者で前年の合計所得金額が48万円以下の者（青色事業専従者および事業専従者に該当する者を除く）
※基本額、加算額については次ページ参照
※令和2年度住民税までは、①②共に＋10万円はなし

図表 37　基本額および加算額

	基本額	加算額
1 級地	35 万円	21 万円
2 級地	31 万 5 千円	18 万 9 千円
3 級地	28 万円	16 万 8 千円

※値は前年 12 月 31 日時点の生活保護法による市町村を単位とする区分

【例題 1】
X 市（1 級地に該当）在住で、同一生計配偶者有、扶養親族が 2 人いる J さんについて、均等割の非課税限度額はいくらになりますか。

　J さんは、同一生計配偶者と扶養親族がいますから、②の場合に該当します。以下に、計算します。

35 万円〔基本額〕　× ̲　4̲ ̲ + 10 万円＋ 21 万円
（∵ A の数：〔同一生計配偶者 1〕＋〔扶養親族数 2〕＋ 1）
＝【解答】171 万円〔J さんについての均等割非課税限度額〕

　合計所得金額 171 万円ということは、J さんが給与所得のみであった場合は、給与収入が 255 万 9,999 円まで均等割も所得割も非課税に該当するということになります（所得税法別表五を各自で確認してみてください）。

▶▶ 所得割が非課税となる者（所得割の非課税限度額）

　前年の**総所得金額等**が、次の計算式によって導かれる金額（所得割の非課税限度額）以下である者については、所得割を課すことができません（法附則 3 の 3 ①④）（**均等割のみ課税**されます）。こちらも配偶者の有無や扶養親族の数（16 歳未満の年少扶養親族も含む）によって、その金額の計算式は変わります。

◆所得割の非課税限度額の計算式

Case ①　同一生計配偶者および扶養親族を有しない場合

Case ②　同一生計配偶者または扶養親族を有する場合

Case ①	Case ②	
35万円 ＋10万円	35万円× A ＋10万円 ＋32万円	（Aの数） 同一生計配偶者あり…＋1 扶養親族あり　　　…＋扶養親族数 上記に加えて　　　…＋1

※同一生計配偶者とは、納税義務者と生計を一にする配偶者で前年の合計所得
　金額が48万円以下の者（青色事業専従者および事業専従者に該当する者を除く）
※令和2年度住民税までは、①②共に＋10万円はなし

【例題2】
　Y市在住で、同一生計配偶者有、扶養親族が2人いるKさんについて、
所得割の非課税限度額はいくらになりますか。

　Kさんは、同一生計配偶者と扶養親族がいますから、②の場合に該当
します。以下に、計算します。

35万円　×　4＋10万円＋32万円

（∵Aの数：［同一生計配偶者1］＋［扶養親族数2］＋1）

＝【解答】182万円〔Kさんについての所得割の非課税限度額〕

　総所得金額等182万円ということは、Kさんが給与所得のみであった
場合は、給与収入が271万5,999円まで所得割が非課税（均等割のみ課税）
に該当するということになります（所得税法別表五を各自で確認してみ
てください）。

3│7 ◎…税額が低くなる ケース（減免）

▶▶▶ 住民税の減免制度について

　住民税について、徴収の猶予や納期限の延長等によってもなお納税が困難と判断される者（天災やその他の特別の事情のある者、貧困により公私の扶助を受ける者等）に限り、市町村長は条例の定めるところによって、税負担の軽減や免除を行うことができます（法323条）。

　地方税法には「減免することができる」と規定されていることから、必ずしも減免制度を設けなければならない義務はありません。よって、住民税の減免制度を設けていない市町村も珍しくありません。また市町村の条例により設けられることから、制度設計や運用は市町村によって異なります。皆さんの勤務先の自治体における住民税の減免制度については、各自でご確認ください。

　本節では、市町村税務研究会編『令和3年度市（町・村）税条例（例）』（地方財務協会、2021年）で、住民税の減免について規定する51条に沿って説明します。

　条例（例）51条の規定により減免されるとあるのは次の者です。

---

① 生活保護法の規定による保護を受ける者
② 当該年において所得が皆無となつたため生活が著しく困難となつた者又はこれに準ずると認められる者
③ 学生及び生徒

　なお、減免できる税額は納期限が未到来の税額で、かつ未納の税額に

限られます。納付済の税額や既に納期限が到来して未納になっている税額は減免することはできません。

▶▶▶①生活保護法の規定による保護を受ける者

1月1日（賦課期日）時点で生活保護法による生活扶助を受けている者については、p112で説明したとおり、そもそも非課税となります。

この規定に該当するのは、1月1日以降に生活扶助以外の扶助を受けることとなった者および1月2日以降に生活扶助を受けることとなった者です。

▶▶▶②所得が皆無となつたため生活が著しく困難になつた者

例えば失業により当該年の所得が皆無となった者等、客観的にみて税を負担する能力を失った者も減免に該当します。ただし、この規定の趣旨は、単に失業の事実をもってして減免するというわけではなく、「客観的にみて税を負担する能力を失った」という個々の納税者の実情に着目すべきと考えられています。

▶▶▶③学生および生徒

この規定は、1月1日時点において、法314条の2①Ⅸおよび法34条①Ⅸに規定する勤労学生に該当する者について住民税を減免するという趣旨です。

▶▶▶天災等（震災、風水害、火災等）の被害者に対する減免

条例（例）51条には天災等の被害者に対する減免は規定されていませんが、法323条には天災等の被害者に対しても減免することができると規定されています。

◎…証明書の発行

▶▶ 住民税に関する証明書

　住民税に関して市町村が発行する証明書としては、**納税証明書、所得証明書、課税証明書、非課税証明書**などがあります。これは守秘義務が解除された上で行う情報開示です。

　このうち納税証明書については、法20条の10で交付する義務が定められていますが、それ以外については法には特に規定されていません。

　納税証明書には、確定した税額や納めた税額、未納の税額等が記載されています（令6の21）。銀行からの融資を受ける際などに使用されます。なお、納税証明書については、住民税だけではなく、固定資産税や他の税目でも発行されます。発行の窓口は、徴収（収納）担当です。

　所得証明書、課税証明書、非課税証明書については、納税証明書とは違ってそもそも法に規定がないので、自治体によって記載されている内容が異なります。神戸市では、これらを「所得・課税（非課税）証明書」という名称で一体として発行していますが、所得額のみを記載したものを「所得証明書」、それに加えて控除額も記載したものを「課税証明書」として、両者を区別して発行している自治体もあります。勤務先の自治体の発行している所得証明書、課税証明書、非課税証明書の見本で、記載内容を確認してみてください。これらは銀行で住宅ローンを組む際や奨学金の申請時などに使用されます。

▶▶ 証明書を発行するときの注意点

　個人情報である所得などが記載されている証明書を発行する際には、本当に証明書を交付していい人かどうかを慎重に確認する必要があります。確認誤りなどにより、本人と無関係の人物に証明書を誤って交付した場合は、情報漏洩となってしまいます。

　本人確認のルールについては、各自治体の内規でルールが定められているかと思いますので、そちらをしっかりと確認してください。

　代理人による申請についても、各自治体の内規で委任状等についてのルールが定められているかと思いますので、確認してください。特に注意すべきは、離婚調停中とか親族間の遺産争いがある場合への対応や、配偶者等から DV（ドメスティック・バイオレンス）を受けている人についての対応です。証明書交付をきっかけに公的機関である役所が親族間の私的な紛争に巻き込まれてしまうことは避けねばなりませんし、また証明書の記載内容から、（DV 加害者から逃げている）DV 被害者の住所等が DV 加害者に漏洩することはあってはなりません。

　証明書の交付の際には現金の収受も伴いますから、お釣りの間違いなどもないようにしないといけません。お釣りを渡す際には、複数人によるチェックを必ず行うようにしましょう。

▶▶ 証明書発行業務のこれから

　コンビニエンスストアなどでマイナンバーカードを利用して、証明書を発行できるようにしている自治体が増えています（2022 年（令和 4 年）4 月 10 日現在で、全 1,741 市区町村のうち 946 市区町村が対応しています）。神戸市のように、インターネットから証明書を請求して役所に取りに行かなくても、証明書が自宅に郵送されるサービスを始めている自治体もあります。住民が証明書の受け取りのためだけに、わざわざ役所に行く必要がない仕組みが、今後も充実していくと予測されます。

3 | 9 ◎…よく尋ねられる 住民からの Q&A事例集

▶▶▶ Q. 昨年と所得が変わらないのに、税額が上がっているのですが?

　昨年と所得が変わらないのに、税額が上がった原因としては、控除額が減少したことによるものと考えられます。例えば、会社から提出された給与支払報告書に扶養控除などの記載漏れ（本人が会社に伝え忘れたか、会社の担当者が記載し忘れたかのどちらか）とか、税の申告をした際の申告漏れかもしれません。この場合は、今からでも控除を追加できるので、必要な手続方法をお伝えしましょう。

　あるいは、記載漏れや申告漏れはしていなかったけれども、配偶者や扶養親族の所得が上限額（前年の合計所得金額48万円）をオーバーしていたことにより、控除の適用が否認されていたのかもしれません。その他、所得控除と税額控除に着目して昨年度と比較してください。答えがきっと見つかることでしょう。

　あってはならないことですが、こちらの課税誤りである可能性も否定しきれません。この問合せがあった場合は、課税誤りがないかを念のため最初に確認するようにしてください。

▶▶▶ Q. 税額が高い!　安くなる方法はないのですか?

　減免制度がある自治体の場合は、減免制度の要件に該当しないかを確認します。該当しない場合は、追加できる控除がないかを確認してください。配偶者やお子さんを扶養しているのに、配偶者控除や扶養控除が漏れていないか、生命保険料を支払っているのに、生命保険料控除が漏れていないかなどです。

▶▶▶ ワンストップ特例の手続きをしたのに、控除が適用されていないのですが?

ふるさと納税のワンストップ特例が無効になってしまっていることが考えられます(法附則7条⑥⑬)。ワンストップ特例は、税の申告を行わない人向けの制度であり、税の申告を行ってしまうと無効になってしまいます。ワンストップ特例制度の申し込みをした人が、医療費控除の適用などのために税の申告を行う場合は、ふるさと納税をしたことについても、あわせて申告する必要があります(ワンストップ特例制度を申し込みしたから、ふるさと納税については税の申告の際に記載しなくてもいいと勘違いしている人が散見されます)。

その他、5を超える自治体にふるさと納税をした場合や、ワンストップ特例の申請書に記載した住所と翌年1月1日(賦課期日)時点の住所が違う市町村の場合(住所変更を連絡していれば問題ありません)も無効です。

ワンストップ特例制度が無効になってしまっている人には、ふるさと納税について、税の申告をするように案内してください。

▶▶▶ Q. ふるさと納税の限度額を教えてください。

ふるさと納税の合計額から 2,000 円を差し引いた全額が控除される額(最もお得な額)についての質問です。年末が近づくに連れて、この問合せが多くなりますが、原則的に限度額を住民税担当が計算すべきではありません。限度額を計算するためにはその人の1年間の所得や控除をすべて正確に把握する必要がありますが、12月までの時点では皆さんは把握できません(年明け以降に課税資料を収集して把握します)。

また、皆さんの仕事は、住民それぞれが自己の判断で寄付した額を踏まえて税額を計算することであり、「いくら寄付するのが得なのか?」を助言することではありません。限度額を試算できる税額シミュレーションサイトなどを案内するようにしましょう。ただし、自治体によっては限度額を住民サービスの一環として計算しているところもあるようですので、限度額を計算するための式を次のページに紹介します。

図表 38　ふるさと納税限度額の計算式

課税総所得金額－人的控除額の差額	限度額の計算式
195 万円以下	所得割額× 23.558% ＋ 2,000 円
195 万円超　～　330 万円以下	所得割額× 25.065% ＋ 2,000 円
330 万円超　～　695 万円以下	所得割額× 28.743% ＋ 2,000 円
695 万円超　～　900 万円以下	所得割額× 30.067% ＋ 2,000 円
900 万円超　～　1,800 万円以下	所得割額× 35.519% ＋ 2,000 円
1,800 万円超　～　4,000 万円以下	所得割額× 40.683% ＋ 2,000 円
4,000 万円超	所得割額× 45.397% ＋ 2,000 円

※所得割額は調整控除のみを税額控除した額で計算（寄附金税額控除や住宅ローン控除等は税額控除する前の額）

▶▶▶ Q. 年金から住民税が引かれているのに、納付書も届きました。二重請求では?

　二重請求ではありません。以下の4つの条件をすべて満たす人は、年金所得に係る住民税は年金から引き去りされます（障害年金や遺族年金などの非課税の年金や企業年金からは引き去りされません）。これを「**年金特別徴収**」といいます（法321条の7の2 ～ 10）。

①前年中に公的年金等の支払いを受けた者で、4月1日時点で老齢年金を受給している65歳以上の者
②老齢年金の年額が18万円以上である者
③介護保険料が老齢年金から引き去りされている者
④老齢年金の年額が年金からの特別徴収税額より大きい者

　年金所得以外に不動産所得など他の所得がある場合は、全体の税額のうち、年金所得に係る住民税のみが年金から引き去りされ、それ以外は普通徴収もしくは給与からの特別徴収またはその両方により納めることになります。年金特別徴収が始まる最初の年については、年金所得に係る住民税の半額を6月と8月の2回に分けて普通徴収で納めて、残りの半額を10月からの年金特別徴収で納めます。

年金からの特別徴収については、高齢者から問合せが殺到するところです。ゆっくり丁寧に説明するよう心がけてください。年税額（均等割と所得割の合計額）の計算方法を説明するだけではなく、**年金特別徴収と普通徴収の両方があるような場合、それぞれの税額がどのように決まっているのかもしっかり理解して、わかりやすく説明できるようになってこそ一人前です。**

▶▶▶ Q. 介護保険料や国民健康保険料(税)が昨年より上がったのはなぜですか?

介護保険料や国民健康保険料（税）の計算そのものは、税務課では行っていませんが、保険料（税）を算定するための基礎となる所得は、皆さんが計算した住民税の所得が使われています。介護保険料（65歳以上）については合計所得金額に基づき、国民健康保険料（税）と後期高齢者医療保険料については、総所得金額等に基づいて計算されています。

保険料（税）の計算方法の詳細については、担当所管課にお問い合わせいただくことになりますが、基礎になる所得は皆さんが計算したものであることに留意して、担当所管課と連携するようにしてください。

なお、保険料（税）の他に保育料の算定などにも、皆さんが計算した所得や所得割額などが使われます。**万一課税誤りをしてしまったら、単に税額が間違えるだけではなく、保険料（税）などさまざまな制度に影響を及ぼすことを忘れないようにしてください。**

▶▶▶ Q. 転職しました。納付書はどうすればいいですか?給与から天引きされるのですか?

転職先の会社で、給与からの天引き（給与からの特別徴収）とすることを希望される場合は、お手元の納付書（納期限が到来していない分に限る）を会社の給与支払担当者にお渡しして、会社からお住まいの自治体に対して給与からの特別徴収とする手続きをするようお伝えします。年度途中の転職の場合は会社が手続きをしない限り、給与からの特別徴収にはならないので、納付書でお支払いになっても構いません。

COLUMN・3

ふるさと納税四方山話

　税務課に配属されたばかりの人であっても、ふるさと納税については耳にしたことはあるのではないでしょうか。あるいは、毎年ふるさと納税をされているという方もいらっしゃるかもしれません。元々、この制度は生まれ育ったふるさとを離れて都会で働いている方が、自分が生まれ育ったふるさとにいくらか納税をすることができる制度があってもよいのではないかという趣旨で、2008年（平成20年）5月から始まりました。

　p92で説明したとおり、寄付した額から2,000円を控除した額に一定の割合を乗じた額が税額控除されます。ふるさと納税そのものは、あくまでも寄付であり、節税になるようなものではありません。しかし、皆さんもご存知のとおり、各自治体はその地域の名産品などを寄付の返礼品として用意しているので、その返礼品を受け取れる分がお得になります。このことから本来の趣旨を離れて、縁もゆかりもない自治体に返礼品目当ての寄付をする方が多いです。かつては、ギフト券などを返礼品とする自治体もありましたが、行き過ぎた返礼品競争を防ぐためにも、今では返礼品は地場産品でかつ寄付額の3割以下のものに限るとされています。

　ふるさと納税は、応益原則や負担分任原則にそぐわない側面があるのも事実です。ふるさと納税によって潤っている自治体もありますが、減収になっていて財政に悪影響を及ぼしている自治体もあります。一方で、地場産品の振興の一助となっている側面もあったり、また税の使い道を指定することができるという側面もあります（通常の納税であれば、納税額の使い道は一切指定できませんが、ふるさと納税であれば、寄付金を例えば「教育振興に使ってください」というふうに使い道を選択できるようにしている自治体が多いです）。

　このように、ふるさと納税について考えてみると税制のさまざまなことに思いを馳せることができます。皆さんは、ふるさと納税について、いかがお考えですか？

第 4 章

固定資産税の課税業務は何をするの?

固定資産税課税の仕事の具体的内容と、仕事をする上で必要となる最低限の知識を紹介します。住民税と同様、多くの専門用語が登場し、理解しにくい部分も少なくありません。既に出てきた用語が繰り返し出てきますので、ページを行ったり来たりして、ゆっくり一つひとつ噛みしめながら読み進めていきましょう。

4｜1 ◎…固定資産税の概要

▶▶ 市町村の基幹税としての固定資産税

　固定資産税は、住民税と並んで市町村税収の基幹的な地位を占めています。市町村税においては、固定資産税は税収全体のおよそ4割を占めており、主要な財源となっています（p41の図表9）。

　固定資産税は**固定資産の所有者**に課税されます。これは**応益原則**に基づいて、市町村が提供する行政サービスを受益する者に、資産価値に応じて課税するものです。また、固定資産税は景気の変動に左右されにくい性質があり、自治体にとって貴重な財源となっています。

▶▶ 固定資産の定義

　そもそも固定資産とはいったい何でしょうか。答えは地方税法にあり、**土地、家屋、償却資産**と定義されています（法341条Ⅰ）。償却資産は法341条Ⅳに定義がありますが、おおまかには土地および家屋以外の事業用資産といえます。

▶▶ 固定資産税の仕組み

　固定資産税の税額は、図表39のとおりに算出します。ここでは、①**評価額**、②**課税標準額**、③**税額**の「3つの世界」があるというポイントだけ、頭に入れておいてください。なお、土地、家屋、償却資産で①評価額、②課税標準額の算出方法が全く異なるため、それぞれの課税業務の内容も大きく異なります。この点はp140以降で詳しく説明していきます。

図表 39　固定資産税の仕組み

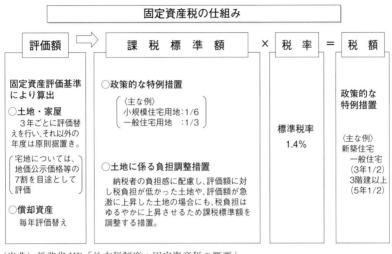

（出典）総務省 HP「地方税制度：固定資産税の概要」

　また、固定資産税に特有の制度として、土地と家屋についての「**3年ごとの評価替え**」があります。評価替えについては p182 以降で説明しますが、**固定資産税課税は年次業務に加えて、評価替えという 3 年周期の業務がある**という点が特徴的であり、制度の理解が難しくなる点でもあります。

▶▶ 固定資産税とあわせて賦課徴収する都市計画税

　市町村によっては、固定資産税とあわせて都市計画税も課税、徴収しています。**都市計画税**とは、都市計画法に基づいて行う都市計画事業または土地区画整理法に基づいて行う土地区画整理事業に要する費用に充てるために、目的税として課税するものです（法 702 条）。

　都市計画税は課税要件等で固定資産税と共通する部分も多いのですが、まず税の性質が違います。すなわち、固定資産税が普通税であるのに対して、都市計画税は目的税です。他にも違いはありますが、詳しくは p202 で説明します。（今の段階では、参考までに p40 の図表 8 で比較してみてください。）

▶▶▶ **固定資産税課税担当の1年間**

　p34 で、課税業務の枠組みを示しましたが、固定資産税課税業務を1
年間のスケジュールの形で示すと以下のようになります。

図表 40　業務スケジュール（固定資産税）

区分	（枠組み）	3月	N年度 4月	5月	6月	7月	8月
N年度課税分	③税額の計算	▲税額決定					
	④納税の告知等		▲納通発送（→返戻対応） 減免対応 縦覧期間				
	⑤不服申立て対応		不服申立て対応				
	（徴収）		▲1期納期			▲2期納期	
	⑥国への報告		▲概要調書作成＆提出				
N＋1 年度課税分	①納税義務者の特定			登記情報入力（権利登記） 死亡者対応			
	②課税客体の捕捉			登記情報入力（表示登記） 固定資産評価			
	③税額の計算						
	④納税の告知						
－	⑦証明書発行等		証明書発行・窓口対応				

固定資産税の課税担当にとって、年度始めはとても慌ただしい時期になります。なぜなら3月末に税額が決定し、新年度早々に納税通知書を発送するという大事な業務があるからです。実はこの慌ただしさは、その前の12～1月から始まっています。それは1月1日に納税義務者をはじめとする課税要件が確定するため、そこから業務が本格化するからです。（課税要件が確定する日のことを**賦課期日**といいます。）

なお、業務の進め方は自治体によって異なるところもあります。例えば、納税通知書の発送を5月に入ってから行う自治体もあります。また、自治体の規模によって業務分担の仕方に違いがあることから、業務の組み立てが異なることもあります。ここで示すスケジュールはあくまで一例としてご理解ください。

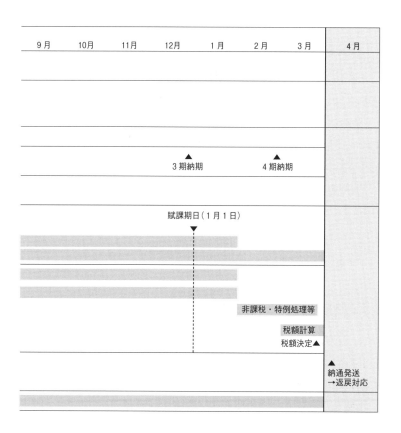

| 9月 | 10月 | 11月 | 12月 | 1月 | 2月 | 3月 | 4月 |

3期納期　　　　　4期納期

賦課期日（1月1日）

非課税・特例処理等

税額計算

税額決定▲

▲
納通発送
→返戻対応

p34-37の繰り返しになる部分もありますが、各業務について簡単に説明します。業務の大枠を掴んでもらうための概説ですので、ここで完璧に理解できなくても大丈夫です。（次節以降で詳しく説明していきます。）

▶▶▶①納税義務者の特定 （詳細：p132〜）

固定資産税の納税義務者は、**固定資産の所有者**です。ここでいう「所有者」とは原則として**1月1日（賦課期日）時点の登記名義人**です（法343条①②、359条）。そのため、登記所（法務局）は登記された情報を市町村長に通知する義務があり（法382条①）、市町村は登記所から通知される登記情報を管理する（具体的には基幹システム等に登録する）という業務が必要となります。また、登記名義人が死亡した場合は相続人の調査などを行う必要が出てくる場合があります。

▶▶▶②課税客体の捕捉 （詳細：p138、168〜）

課税客体は固定資産（**土地、家屋、償却資産**）です（法341条Ⅰ）。

土地と家屋については、①でも触れた登記所からの登記情報によって、その**異動**（土地の状況変化、家屋の新築、滅失といった課税客体の変化）を把握できるので、その情報も基幹システム等に登録します。

なお、償却資産は登記制度が存在しないので、その所有者には1月1日時点の所有状況を申告する義務が課せられています（法383条）。そこで、11月から12月にかけて、各事業所に申告書を送付する等の申告受付の準備業務があります。（図表40では割愛しています。）

▶▶▶③税額の計算 （詳細：p140〜）

固定資産税の税額は、ざっくりいうと次の3ステップで算出します。

（1）**評価額**を求める（←単価×補正率×面積）

（2）**課税標準額**を求める（←評価額に特例等を加味）

（3）**税額**を求める（←課税標準額×税率）

ただし、土地、家屋、償却資産で(1)評価額、(2)課税標準額の算出方法は大きく異なります。

▶▶④納税の告知　（詳細：p190 ～）

　一般に、地方税を徴収するときは文書により「**納税の告知**」を行わなければなりません（法13条）。固定資産税を徴収する際は、納税通知書、課税明細書を、遅くとも納期限前10日までに納税者に交付する必要があります（364条⑨）。

▶▶⑤不服申立て対応　（詳細：p198 ～）

　不服申立てには2つの制度があり、原則として**行政不服審査法による審査請求**、例外として**固定資産評価審査委員会に対する審査申出**があります。（税務課で直接この事務に携わることはあまりありません。）

▶▶⑥国への報告

　国や都道府県からの照会も多々ありますが、特にボリュームの大きいものとして、固定資産の価格等の**概要調書**の提出があります（法418条）。

▶▶⑦証明書発行等　（詳細：p196 ～）

　固定資産税を課税するにあたっては、固定資産の状況等を明らかにするため、納税者や課税客体の情報、評価額、課税標準等を登録した**固定資産課税台帳**を備えなければなりませんが（法380、381条、411条）、情報開示の観点から、当該台帳の**閲覧制度**があります（法382条の2）。また、当該台帳の記載事項の証明制度に基づき、**評価証明書**（または**公課証明書**）を交付する業務もあります（法382条の3）。他にも、固定資産台帳に基づき**土地／家屋名寄帳**を備えなければならず、この閲覧制度もありますし（法387条）、名寄帳を交付するという業務もあります。

4│3 ◎…誰に課税するのか

▶▶ 納税義務者１〜基本は賦課期日時点の登記名義人〜

固定資産税の納税義務者は**固定資産の所有者**とされており、具体的には下表のとおり定められています（法343条①②③）。

図表41 固定資産の所有者

	登記物件	未登記物件
土地	登記簿に所有者として登記されている者	土地補充課税台帳に所有者として登録されている者
家屋	登記簿に所有者として登記されている者	家屋補充課税台帳に所有者として登録されている者
償却資産	－	償却資産課税台帳に所有者として登録されている者

原則、土地と家屋については、登記簿に所有者として登記されている者、すなわち**登記名義人**が納税義務者となります。そのため、市町村は登記所（法務局）から通知される登記情報のうち、所有者に関する事項を示す「**権利部**」（**権利登記**）から所有権移転の情報を把握し、基幹システムに登録するなどします。一方、未登記の場合は、そこを使用している人に所有状況の報告を求めるなどして所有者を特定し、土地／家屋補充課税台帳に登録することで、その者を納税義務者とします。

また、償却資産については p130 で述べたように登記制度が存在しません。そのため、所有者に市町村（長）への申告義務が課されており（法383条）、その申告の内容に基づいて所有者を特定します。そして、償却資産課税台帳に登録して、その者を納税義務者とします。

図表 42　登記簿見本

東京都特別区南都町1丁目101　　全部事項証明書　　（土地）

表題部（土地の表示）		調製	余白	不動産番号	0000000000000
地図番号	余白	筆界特定	余白		
所在	特別区南都町一丁目			余白	

①地番	②地目	③地積 ㎡	原因及びその日付〔登記の日付〕
101番	宅地	300 00	不詳 〔平成20年10月14日〕
所有者	特別区南都町一丁目1番1号　甲野太郎		

権利部（甲区）（所有権に関する事項）

順位番号	登記の目的	受付年月日・受付番号	権利者その他の事項
1	所有権保存	平成20年10月15日 第637号	所有者　特別区南都町一丁目1番1号 甲野太郎
2	所有権移転	令和1年5月7日 第806号	原因　令和1年5月7日売買 所有者　特別区南都町一丁目5番5号 法務五郎

表題部
不動産の所在や物理的な状況を示す

権利部（甲区）
所有者に関する事項や登記の目的、取得原因を示す

それでは、どの時点の所有者を納税義務者とするのでしょうか。この点については、法359条において「**賦課期日は当該年度の初日の属する年の1月1日**」と規定されています。例えば令和5年度の固定資産税は、令和5年1月1日の所有者に課税されるということです。

ここで注意点を2つ挙げておきます。1つめは、**賦課期日後、納税通知書等を送付するまでの間の状況の変化は考慮しない**という点です。例えば、令和5年2月に家屋が取り壊された場合でも、その家屋の令和5年1月1日の所有者に対して令和5年度の固定資産税が課税されます。

2つめは、「真の所有者」と登記名義人がズレる場合の考え方についてです。例えば、売買契約を結び所有権は移転したものの、その登記が年を跨いでなされたというケースです。令和4年12月25日に不動産の所有権がAからBに移り、令和5年1月20日に登記がなされたとき、令和5年1月1日時点において「真の所有者」はB、登記名義人はAということになりますが、AとBのどちらが納税義務者となるのでしょうか。結論は「登記名義人Aに課税する」となります。**売買等により賦課期日時点ですでに所有権が他に移転している場合でも、所有権の移転登記がなされていない限り、固定資産税は所有者として登記されている者（旧所有者）に課税**されます。この考え方を**台帳課税主義**といいます。土地、家屋および償却資産という大量に存在する課税物件について、市町村等がその「真の所有者」を逐一正確に把握することは事実上困難であるため、課税上の技術的考慮により台帳課税主義が採られていると説明されます。

▶▶ 納税義務者２ 〜共有物の場合〜

共有物の場合、固定資産税は共有者全員に**連帯納税義務**として固定資産税が課税されます（法10条の2①）。

例えば、AとBの共有物（持分は1/2ずつ）で税額が6万円の場合、A・B全体に6万円が課税されるというイメージです。決して、Aに3万円、Bに3万円が課税されるわけではありません。同時に、仮にAが3万円を納税し、残りの3万円が未納となっている場合でも、Aは残りの3万円についての納税義務を免れるわけではありません。

基本としてはこのイメージで理解する程度で十分ですが、連帯納税義務については民法上の連帯債務の規定を準用するものとされていますので（法10条）、正確に理解するためには民法（債権総論）を確認する必要があります。

▶▶ 納税義務者３ 〜登記名義人が死亡した場合〜

登記名義人が亡くなった場合、固定資産税の納税義務者は誰になるのでしょうか。それは、死亡した日によって変わってきます。ここでは登記名義人Aが死亡し、相続人はB（相続割合1/2）、C（同1/4）、D（同1/4）、令和5年度課税で、税額が8万円という例で説明します。

まず、**賦課期日前に死亡した場合**、例えば令和4年12月にAが死亡したケースです。Aの死亡後、速やかに相続登記等の所有権移転登記がなされ、令和5年1月1日時点の登記名義人が生きている人になっていればよいのですが、登記名義人が死亡者Aのままだと「真の所有者とのズレ」の問題が残ります。この点、地方税法では「土地又は家屋を**現に所有している者**」が納税義務者となると規定されており（法343条②）、「現に所有している者」は通常は相続人であると解されています。よって、令和5年1月1日時点で土地・家屋の所有は相続人B・C・Dの共有となり、この3人に8万円の連帯納税義務が課せられることになります。Bに4万円、Cに2万円、Dに2万円が課税されるということではありません。

次に、**賦課期日以降に死亡した場合**です。このケースは**納税義務の承継**にあたります。結論としては、相続割合に応じて、Bに4万円、Cに2万円、Dに2万円それぞれ課税されることになります。考え方は住民税と共通するものですので、p60を参照ください。

なお、登記名義人の死亡をどのように把握するかについては、各市町村で運用が異なりますが、自身の市町村に住民票がある者の死亡であれば何らかのリストから拾うことができるでしょう。また、自身の市町村に住民票がなくても、戸籍担当(一般的に市民課)から税務署に通知する「相続税法58条通知」から拾うことも考えられます。

図表43　登記名義人が死亡したときの課税

【例】登記名義人A、相続人B, C, Dの場合 (税額8万円、相続割合はB:1/2、C, D:各1/4)

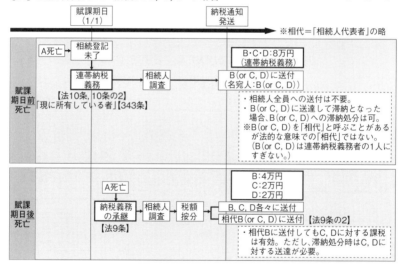

ちなみに、登記簿上の所有者が死亡している場合の「現に所有している者」(相続人等)の把握は、法定相続人の戸籍の請求など、調査事務に多大な時間と労力を要する場合があります。この点、登記簿上の所有者が死亡し、相続登記がされるまでの間における現所有者(相続人等)に対し、市町村の条例で定めるところにより、氏名・住所等必要な事項を申告させることができるとされています(法384条の3)。

　登記名義人が死亡したが相続人が戸籍等で確認できない場合、あるいは相続人全員が相続放棄をした場合、固定資産税の課税はどうなるのでしょうか。この場合は所有者が存在しないことになり、市町村は誰にも固定資産税を課税することができません。

　そこで登場するのが、民法に定めのある「**相続財産管理制度**」です。相続人がおらず誰のものでもない遺産は、放置しておくと死亡した者が債務を負っていた場合に債権者への支払いも行われなくなるため、その遺産（相続財産）を適切に管理させて、必要な支払いなどを**相続財産管理人**に行わせようとするものです。相続財産管理人は、債権者等の利害関係人等による家庭裁判所へ選任請求がされたのち、その家庭裁判所が選任するものです（民法952条）。

図表44　相続財産管理人に関する手続きフロー

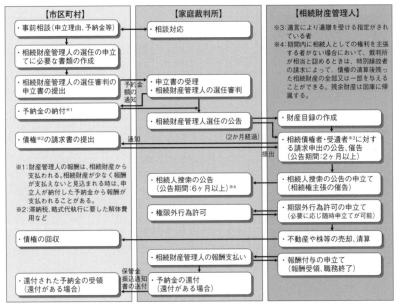

（出典）国土交通省HP「空き家対策における財産管理制度活用の事例集」

つまり、相続人不在の場合、市町村は家庭裁判所に相続財産管理人の選任の申立てをすることで固定資産税の課税が可能となります。ただし、必ずしも相続財産から固定資産税を回収できるとは限りませんので、相続財産管理人の選任請求は慎重に手続きを進める必要があります。

▶▶ 納税義務者5 〜所有者が不存在・特定できない場合〜

　先ほど、相続人が存在しない場合は相続財産管理人を選任することで固定資産税を課税することができると説明しました。ただ、誰かがその固定資産を使用している場合、その人に課税することはできないのでしょうか。例えば、登記名義人Aは死亡したが相続人がおらず、Aの生前から家を賃借していたBが、Aの死亡後も居住を継続しているといった場合、Bに課税できないのでしょうか（つまり、Bが所有者不存在の家屋を使用しているというケースです）。

　このとき、Bに課税できる場合があります。住民票や戸籍等の公簿上の調査、使用者と思われる者やその他関係者への質問などの調査を尽くしてもなお固定資産の所有者が1人も明らかとならない場合は、事前に使用者に対して通知した上で、使用者を所有者とみなし、固定資産課税台帳に登録して固定資産税を課すことができるとされています（法343条⑤）。なお、所有者の探索の方法については令49条の2に規定されています。

　この例は、相続人が存在しないケースでしたが、所有者が特定できないというケースもあります。例えば、土地の登記名義人が「○○又兵衛外63名」のように古すぎて特定できないが、その上にある建物の所有者（登記名義人）に対して課税するというケースです。このように、使用者を所有者とみなして課税することを「使用者課税」と呼びます。

　ここまで納税義務者に関する主な内容を説明してきましたが、4「死亡した登記名義人に相続人が存在しない場合」や、5「所有者が不存在・特定できない場合」はそれほど多くない事例ですので、最初から理解できなくても問題ありません。実際にそのような事例に対応するときに詳しく調べることになるでしょう。

▶▶ 課税客体～どのように異動を把握するか～

次は課税客体（固定資産）についての話です。繰り返しになりますが、固定資産とは**土地、家屋、償却資産**です。

課税実務上は、これらの異動（状況の変化）を把握することが重要です。土地でいえば、例えば、農地から宅地になるといった**地目**（用途による分類）の変化は税額に影響します。家屋でいえば建物の新築や滅失（なくなること）があれば、課税の有無が変わります。

この異動を把握する上で手掛かりになるのが、不動産の所在や物理的な状況を示す**表示登記**です。すなわち、登記所（法務局）から通知される登記情報のうち「**表題部**」に関する情報です。権利登記と同じように、表示登記の異動に関する情報は基幹システムに登録するなどします。なお、表示登記には税額計算で重要となる情報（土地の地積、家屋の種類など）もありますので、その意味でも大変重要です。

ここで問題となるのが、**未登記物件**の問題です。未登記であっても課税客体である以上は課税対象となります。撮影年度の異なる航空写真を比較して未登記家屋の捕捉する自治体もありますが、費用の問題等もあり、方法として一般化しているとはいえない状況です。未登記物件を積極的に把握するための確固たる手段はなかなかなく、難しい問題です。

▶▶ （参考）不動産登記制度

納税義務者の特定のために権利登記の情報を、また、課税客体である固定資産の異動の把握のために表示登記の情報を使用すると説明しましたが、そもそも登記とは何でしょうか。

ここでいう登記とは不動産登記を意味しますが、これは土地や建物の所在・面積の他、所有者の住所・氏名等を公の帳簿（登記簿）に記載して一般公開することにより、権利関係等の状況が誰にでもわかるようにするものです。その結果、不動産取引の安全と円滑をはかるという役割をはたしています。より深く知るには民法（物権法）や不動産登記法などを理解する必要があります。

　p133 で、賦課期日時点で登記名義人と「真の所有者」にズレがある場合は、登記名義人が納税義務者となるという話をしました。また、Aの死亡後、速やかに相続登記等の所有権移転登記がなされずに登記名義人がAのままというケースにも言及しました。なぜそのようなことが起こるのかというと、所有権移転登記は義務ではなく、任意で行われるものだからという事情があります（なお、令和 6 年度より相続登記は義務化されます）。ちなみに、今まで登記情報が存在しなかった土地・建物について所有者となったときは表示登記の義務が生じます（不動産登記法 36 条、47 条）。

▶▶▶ （参考）所有者不明土地問題

　「所有者不明土地問題」という言葉を耳にしたことはないでしょうか。

　所有者不明土地とは、相続登記がされないことなどにより、不動産登記簿で所有者が直ちに判明しない土地や、所有者が判明してもその所在が不明で連絡が付かない土地のことをいいます。このような土地があると、土地の所有者の探索に多大な時間と費用が必要となり、公共事業や復旧・復興事業が円滑に進まなかったり、土地が管理されないまま放置されて衛生環境へ悪影響が発生したりするなどの問題が生じます。

　この問題に対応するため、不動産登記制度が見直されることが決まっています。先ほど触れましたが、令和 6 年度より相続登記が義務化されます。その他、「相続人申告登記制度」の創設や、住所等の変更登記の申請の義務化も決まっています。

　p135 の「現に所有している者の申告制度」は、所有者不明土地にかかる課税上の問題に対応する形で、令和 2 年度税制改正で設けられた規定です。さらに、p137 の「使用者課税」についても、以前は震災等の事由によって所有者が不明の場合に使用者を所有者とみなして課税できる規定がありましたが、その適用が災害の場合に限定されていたので、適用の対象範囲が拡大されたところです。このことはまさに、p25 で説明した「税制は社会を映す鏡」という話の具体例といえます。自身の担当する税目の「周辺」の動きに敏感であることが大切だとわかります。

4|4 ◎…いくら課税するのか
① 税額の算出過程 の全体像

▶▶ 一戸建て住宅の例で税額の算出過程の大枠をつかむ

　いよいよ、固定資産税の税額の決まり方について話をしていきます。固定資産税には、**評価額**、**課税標準額**、**税額**の「3つの世界」があります。この意味を一戸建て住宅のよくある例で確認していきましょう。

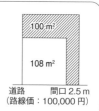

【例題】
図のような形の 100m^2 の土地に一戸建ての住宅が新築された。このとき、次年度にかかる固定資産税の税額はいくらか。ただし、固定資産税の税率は標準税率とする。

100 m^2

108 m^2

道路　　間口 2.5 m
（路線価：100,000 円）

（1）土地の評価額を求める

　土地の評価額の求め方の基本は「**路線価×地積×補正率**」です。路線価はさしあたって 1m^2 あたりの評価額と理解しておいてください。（路線価の決まり方は p182 で後述します。）

　この路線価は正方形や長方形のような「形が整った土地」を前提とした m^2 単価です。よって、例題のような間口が狭く、また、いびつな形の土地（不整形地）の場合は評価額を低くするべきと考えられます。このように評価額を調整する率が補正率です。

　今回は間口狭小補正と不整形地補正で 0.72 と 0.90 を掛けます。（補正率の決まり方は p148 で後述します。）

　　土地評価額＝路線価 100,000 円×地積 100m^2 ×補正率 0.72 × 0.90
　　　　　　　＝ 6,480,000 円

(2) 土地の課税標準額を求める

　次に土地の評価額から課税標準額を求めます。課税標準額の算出にあたっては①課税標準額を減じる特例と、②**負担調整措置**という2つの要素を考慮する必要があります。①の特例で代表的なものが**住宅用地特例**です。これは住宅のある宅地の場合、原則、課税標準額は評価額の1/6とするというものです。②の負担調整措置は内容が細かくなりますので、いったんここでは無視して考えます。（住宅用地特例や負担調整措置の詳細はp152で説明します。）

（住宅用地特例や負担調整措置の詳細はp152で説明します。）

$$土地課税標準額 = 評価額6,480,000円 × 住宅用地特例率1/6$$
$$= 1,080,000円$$

(3) 家屋の評価額を求める

　土地だけであれば、この課税標準額に税率を掛けることで税額が求められますが、他に家屋や償却資産を有する場合はこれらの課税標準額との合計に税率を掛けて税額を算出しなければなりません。よって例題では、この段階で家屋の評価額、課税標準額を算出しなければなりません。

　ここでは、家屋評価額を9,000,000円として話を進めます。（なお、家屋評価についてはp156で詳しく説明します。）

$$家屋評価額 = 9,000,000円$$

(4) 家屋の課税標準額を求める

　家屋の課税標準額は、原則、評価額と同額です。

$$家屋課税標準額 = 9,000,000円$$

(5) 税額を求める

　各資産の課税標準額を合計して、税率を掛けます。ただし、課税標準額の合計は1,000円未満を切り捨てます（法20条の4の2①）。

$$課税標準額合計 =（土地）1,080,000円 +（家屋）9,000,000円$$
$$= 10,080,000円（1,000円未満切捨て）$$

標準税率は1.4%ですから（p35）、税額は以下のようになります。

$$税額（軽減前）= 10,080,000円 × 1.4\% = 141,120円$$

（6）税額特例（軽減）額を求める

基本的にはこれで税額が求められたわけですが、特に家屋については税額を減じるさまざまな税額特例があります（p175）。その中でも代表的なものが**新築軽減**です。これは新築住宅においては税額を 1/2 とするものです。例題は新築の事例ですので、新築軽減を適用します。

新築軽減額 ＝ 9,000,000 円 × 1.4% × 1/2
　　　　　 ＝ 63,000 円

（7）税額を確定させる

軽減額を減じて、100 円未満を切り捨てます（法 20 条の 4 の 2 ③）。

税額（最終）＝税額 141,120 円 − 税額特例（軽減）額 63,000 円
　　　　　　 ＝ 78,120 円
　　　　　　 ≒ 78,100 円（100 円未満切捨て）

▶▶ 税額の算出過程（まとめ）

先ほどの税額の算出過程をまとめると、以下のようになります。例題では償却資産がありませんでしたが、土地や家屋と同様、評価額を算出して、そこから課税標準額を求めるという過程が加わるだけです。

（1）土地評価（土地の評価額の算出）
（2）土地の課税標準額の算出　…特例、負担調整措置
（3）家屋評価（家屋の評価額の算出）
（4）家屋の課税標準額の算出　…特例
（5）償却資産評価（償却資産の評価額の算出）
（6）償却資産の課税標準額の算出　…特例
（7）税額の算出（課税標準額を合計して税率を掛ける）
（8）税額特例（軽減）額の算出
（9）税額（最終）の確定　…（9）=（7）−（8）

以降の節では、これらの算出過程について詳しく説明していきます。

▶▶▶（参考）一物四価

　土地の価格には複数の種類があります。主な公的土地評価に①地価公示、②都道府県地価調査、③相続税評価、④固定資産税評価があり、本書でいう土地評価は④を指します。土地評価で登場した「**路線価**」（または**標準地単価**）とは、固定資産税評価における１㎡の価格のことです。

　重要なのは**固定資産税評価の価格は地価公示価格等の７割を目途とする**という点です。また、相続税評価でも１㎡あたりの価格を路線価と表現しますが、これは固定資産税路線価とは別物である点も要注意です。なお、実勢価格という言葉もありますが、これは実際に市場で取り引きされる価格のことをいいます。地価公示価格や都道府県地価調査価格は不動産取引の目安にはなりますが、これと一致するとは限りません。ちなみに、これらの評価で土地の価格が異なることを指して、土地は「**一物四価**」（実勢価格と①③④）といわれることがあります。

図表 45　主な公的土地評価の一覧

区　　分	地価公示 （国土交通省）	都道府県 地価調査 （都道府県）	相続税評価 （国税庁）	固定資産税評価 （市町村）
評 価 機 関	国土交通省 土地鑑定委員会	都道府県知事	国税局長	市町村長
目　　的	適正な地価の 形成	土地取引の規制	相続税、贈与税 課税	固定資産税課税
求めるべき 価　　格	正常な価格 （地価公示法２ 条Ⅰ）	標準価格 （国土利用計画法 施行令９条Ⅰ）	時価 （相続税法22 条）	適正な時価 （地方税法341 条Ⅴ）
価 格 調 査 時　　点	毎年１月１日	毎年７月１日	毎年１月１日	基準年度の賦課 期日の前年の１ 月１日
評 価 替 え				３年に１度
宅 地 の 評 価 水 準			地価公示価格水 準の８割程度を 目途	地価公示価格等 の７割を目途

（出典）『令和３基準年度 固定資産税評価のあらまし−土地・家屋−』（資産評価システム研究センター）

4.4 ◎…いくら課税するのか ②土地の評価

▶▶ そもそも「評価」とは

まず、税額計算の第一歩は、固定資産の評価額を決める「固定資産評価」です。この評価の拠り所となるのが**固定資産評価基準**（以下「評価基準」）です。これは、法388条①の規定に基づき、固定資産の評価の基準並びに評価の実施の方法および手続を定めた（総務大臣が定め、告示する）ものです。法403条①において「市町村長は、固定資産評価基準によって、固定資産の価格を決定しなければならない。」と定められていることから、評価基準にしたがって評価しなければなりません。

図表46　固定資産の評価方法

土地	宅地・農地等地目別に売買実例価額等を基礎として、評価額を算定 ・宅地については、地価公示価格等の7割を目途に評価（平成6年度評価替から導入）
家屋	再建築価格および経年減点補正率等に応じて、評価額を算定 ・再建築価格＝評価対象家屋と同一の家屋を、評価時点においてその場所に新築する場合に必要とされる建築費 ・経年減点補正率＝家屋の建築後の年数の経過に応じて生じる減価を基礎として定めた率
償却資産	取得価額および取得後の経過年数等に応じて、評価額を算定 ・評価額＝取得価額−取得後の経過年数等に応じた減価分 ・評価額の最終限度＝取得原価×5％

（出典）総務省HP「地方税制度：固定資産税の概要」

評価基準は総務省のホームページに掲載されており、固定資産税評価の担当者は理解しておく必要があります。ただ、この評価基準を読み解

くのはとても難しいです。本書では評価基準の大枠を解説しますので、全貌を理解するためのとっかかりを掴んでください。

　また、各自治体で評価基準を具体化、詳細化した**「評価要領」**（評価実施要領）が定められていますので、これも参照する必要があります。

▶▶▶ 土地評価１〜地目の認定（評価方法の確定）〜

　土地評価はまず**地目**の認定から始まります。地目とは、それぞれの土地をその用途によって分類したもので、田、畑、宅地、山林などがあります。地目によって評価方法が変わり、課税標準額の計算方法も変わってくるため、一番はじめに認定する必要があります。

　地目ごとの評価方法は、具体的には下表のとおりです。評価実務をやるなかで自然と頭に入ってきますので、ゆっくり理解していきましょう。

図表 47　地目ごとの評価方式

評価基準上の地目	一般的な課税地目	路線価方式	標準地比準方式	売買実例地比準方式	近傍地比準方式	その他
田、畑	農地（田・畑）		○			
	介在農地				○	
	市街化区域農地				○	
	勧告有休農地					○
宅地	宅地	○	○			
	農業用施設用地				○	
山林	山林		○			
	介在山林				○	
池沼、牧場、原野	池沼、牧場、原野			○	○	
鉱泉地	鉱泉地				○	○
雑種地	雑種地			○	○	○

（出典）『令和4年度 固定資産税関係資料集Ⅰ』（資産評価システム研究センター）より筆者作成

　地目を確定するためには、実地調査が必要となります。厳密には賦課期日（1月1日）時点の状況を確認しなければなりませんが、事前に現

145

地を確認して類推できることがほとんどです。例えば、7月に家が建設中だと確認できたら、翌年の1月1日は「宅地」だと判断できます。

　ここで注意すべきことがあります。まず1点目は不動産登記（表示登記）についてです。登記上の地目（登記地目）と実際の用途（現況地目）が異なっている場合もありますが、評価基準において地目の認定は「当該土地の現況および利用目的に重点を置き」とされており、**課税上は現況地目を採用しなければなりません**。この考え方を**現況主義**といいます。

　そして注意すべき2点目は、見た目だけでは課税地目が判断できないケースがあるということです。例えば農地です。前ページの図表にも、農地（田・畑）、介在農地、市街化区域農地、勧告遊休農地という4種類の農地が登場しています。これらは、位置する場所や、農地法上の農地かどうかなどで課税地目を判断しなければなりません。

▶▶ 土地評価2〜単価の決定〜

　課税地目を認定し、評価方法が確定すれば、「単価」（1㎡あたりの評価額）を確定させることができます。ここでは、主な地目として宅地と農地（田・畑）の基本的な考え方のみ説明します。さしあたって、大まかには下表のとおりに整理できます。

図表48　地目ごとの単価

地目		単価
宅地 （※）	市街化区域内	路線価
	調整区域内	標準地単価（宅地）
	農業用施設用地	標準地単価（田・畑） ＋造成費相当額
農地 （田・畑）	農地（生産緑地含む）	標準地単価（田・畑）
	宅地介在農地	路線価－造成費相当額
	市街化区域農地	路線価－造成費相当額

＊生産緑地については、令和5年度より特定生産緑地税制が始まります。

（※）厳密には「主として市街地的形態を形成する地域」における宅地は路線価を、「主として市街地的形態を形成するに至らない地域」における宅地は標準地単価を採用する。多くの場合、前者は都市計画法上の市街化区域、後者は都市計画法上の調整区域に対応するため、便宜上「市街化区域」「調整区域」と表現している。

まず宅地です。p145の図表47「地目ごとの評価方式」で、宅地の評価方式には「路線価方式」と「標準地比準方式」の両方に○が付いていましたが、これはその宅地のある場所によって評価方式が変わることを意味しています。具体的には、市街化区域内の宅地は「**市街地宅地評価法**」により路線価を、調整区域内の宅地は「**その他宅地評価法**」により標準地単価（宅地）を、単価として採用します。

そして農地については原則、路線価は用いず、標準地単価（田・畑）を採用することになります。

地目によっては、これらの単価に造成費相当額を加減します。**造成費**とは、農地から宅地に転用する場合において通常必要と認められる経費のことをいいます。農業用施設用地は、倉庫を建てるなどの目的で農地を平地に造成したものですので、農地単価すなわち標準地単価（田・畑）に造成費相当額分を加えたものを単価とします。逆に、宅地介在農地や市街化区域農地は、宅地であれば路線価評価するものなので、宅地を前提としている金額である路線価から造成費相当額分を引いた金額を単価とします。

なお、路線価や標準地単価は、原則、3年ごとの評価替えで見直すことになります。評価替えについては、路線価の決まり方も含めて、p182で説明します。

図表49　造成費相当額の増減の考え方

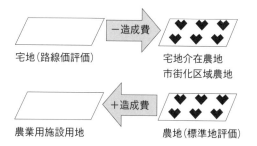

▶▶▶ 土地評価3 〜地積の認定〜

固定資産税の課税地目の認定は登記地目ではありませんが、一方で**課税地積は、原則、登記地積を採用します**。なぜなら、土地の面積は見ただけではわからず実測しなければ判断できませんが、分筆や合筆（土地を分けたりまとめたりすること）も頻繁に行われる土地すべてを役所で実測することは時間的にも技術的にも困難だからです。

ただし、登記地積より現況地積が小さい場合（いわゆる「縄縮み」）は現況地積（＝実際の地積）によるものとされ、登記地積より現況地積が大きい場合（いわゆる「縄延び」）は現況地積によることができます。

図表50　課税地積

区分	原則	例外
登記簿に登記されている土地	登記地積	【登記地積＞現況地積】（縄縮み） 現況地積 【登記地積＜現況地積】（縄延び） 現況地積（登記地積に拠ることが著しく不適当であると認められる場合に限る）
登記簿に登記されていない土地	現況地積	

（出典）『令和3基準年度固定資産税評価のあらまし―土地・家屋―』（資産評価システム研究センター）

▶▶▶土地評価4〜補正〜

　単価（1m² あたりの評価額）と地積が決まれば、それらを掛け合わせることで基本的にはその土地の評価額が求められます。しかし、同じ面積でも使い勝手で土地の評価額は異なるはずです。「旗竿地」と呼ばれる一部が極端に細い形状の土地は、地積が同じ長方形の土地より評価額は低くするのが自然でしょう。これを価格に反映するのが補正（率）です。

　この補正も地目によって適用すべき種類が変わってきます。宅地（路線価方式）でいえば、評価基準で以下の補正が規定されており、それぞれの補正に補正率表が定められています。この補正率表に基づいて評価するやり方を**画地（かくち）計算法**といいます。

　宅地（標準地比準方式）や、田、畑、山林も同じように使い勝手の良し悪しによる補正を行います。（ただし、標準地比準方式の場合は補正率、補正率表ではなく、比準割合、比準表といいます。）

　なお、評価基準上、これらの補正（および比準）には「**所要の補正**」が認められています。これは状況に応じて各市町村で独自の補正を行ったり、補正率表（および比準表）上の率を修正したりすることです。

【補正の種類】

奥行価格補正（奥行が長すぎても短すぎても使いにくい）

間口狭小補正（間口が狭いと使いにくい）

奥行長大補正（間口距離と奥行距離の比が大きすぎると使いにくい）

側方路線影響加算（角地は使いやすい）

二方路線影響加算（2面で道路に接している土地は使いやすい）

不整形地補正（いびつな形は使いにくい）

通路開設補正（道路に接していない無道路地は使いにくい）

がけ地補正（通常利用ができないような部分がある場合）

図表51　間口狭小補正率表（評価基準より抜粋）

地区区分／間口距離（メートル）	高度商業地区Ⅰ	高度商業地区Ⅱ	繁華街地区	普通商業、併用住宅地区	普通住宅地区、家内工業地区	中小工場地区	大工場地区
4 未満	0.80	0.85	0.90	0.90	(0.90)	0.80	0.80
4 以上　6 未満	0.85	0.94	1.00	0.97	0.94	0.85	0.85
6 以上　8 未満	0.90	0.97		1.00	0.97	0.90	0.90
8 以上　10未満	0.95	1.00			1.00	0.95	0.95
10以上　16未満	0.97					1.00	0.97
16以上　22未満	0.98						0.98
22以上　28未満	0.99						0.99
28以上	1.00						1.00

図表52　不整形地補正率表（評価基準より抜粋）

地区区分／蔭地割合	高度商業地区（Ⅰ、Ⅱ）、繁華街地区、普通商業地区、併用住宅地区、中小工場地区	普通住宅地区家内工業地区
10％未満	1.00	1.00
10％以上20％未満	0.98	0.96
20％以上30％未満	0.96	0.92
30％以上40％未満	0.92	0.88
40％以上50％未満	0.87	0.82
50％以上60％未満	0.80	(0.72)
60％以上	0.70	0.60

※ p140の例題で適用した率を◯で示す。なお、表中の「地区区分」は、p183で説明。

各自治体で定められている「評価要領」は、「所要の補正」を定義するものとして位置付けられているともいえます。

▶▶ 評価の単位

　おおよその土地評価の内容を説明してきましたが、土地評価を行う上で、もう1つ重要な要素があります。それは評価する単位についてです。

　土地の最小単位は登記簿に登記される「筆」ですが、画地計算においては「画地」（利用または取引の観点から見て地理的にまとまりのある土地の単位）という単位で評価します。原則、土地課税台帳または土地補充課税台帳に登録された1筆の宅地を1画地とします（**一筆一画地の原則**）。例外として、その形状や利用状況等から見て一体をなしていると認められる宅地について、評価の均衡上必要があるときは筆界に関わらず一体をなす範囲をもって1画地とすることも可能とされています。例えば、2筆の土地に跨って家が建っている場合、2筆をまとめて1つの「画地」として評価をします。

図表53
2筆1画地のイメージ

▶▶ 実地調査の意義

　今まで述べてきた方法で評価額を算出することができます。しかし、市町村のすべての筆を、毎年一つひとつ評価していかなければならないのでしょうか。結論からいうと、その必要はありません。そもそも不可能な話です。基本的には異動（変化）がなければ、評価はそのままとします（ただし、単価が変わる場合があります）。つまり、異動があった土地を把握（捕捉）し、評価をすることが基本となります。例えば、農地が宅地になったら、どんな宅地になったのかを確認して評価するわけです。その異動を把握する重要な手掛かりとなるのが登記所から届く表示登記の異動情報だということはp138で述べたとおりです。

　異動があると考えられる土地については、地目認定のために**実地調査**

を行います。また、適用すべき補正（比準）を確認するという目的もあります。例えば、路線（前道）との高低差による高低差補正は現地で目視しなければ把握できません（高低差補正は評価基準には定められていませんが、多くの自治体で所要の補正として適用されています）。さらに、周囲との均衡を見るという目的

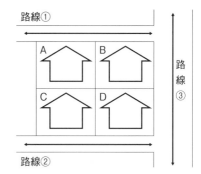

図表54　路線が複数ある例

もあります。実際に目で見て、その土地の状況や使い勝手を確認し、算出された評価額が周囲や他の土地と比較して妥当か確かめるわけです。

　例えば上図の場合、宅地Bを路線①で評価するか路線③で評価するかは、宅地Aや宅地Dとのバランスを見て判断することが必要でしょう。このように、実地調査で得られる情報は重要な意味を持ちます。

▶▶ 評価額の変動

　これまでたびたび「3年ごとの評価替え」という言葉が出てきました。これは、原則として、3年ごとに地価の変動を反映して路線価や標準地単価を見直すことを意味します。逆にいえば、3年間は評価額は据え置きというのが原則だということです（法349条）。

　しかし、例外があります。それは地価が下落した場合には、路線価や標準地単価について地価下落を反映した修正率を乗じるというものです。これを**下落修正**と呼びます。あくまで地価の下落のみを考慮するもので、地価の上昇は反映しない点に注意が必要です。

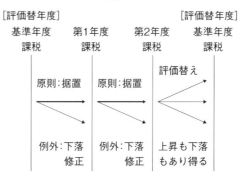

図表55　評価額の変動イメージ

4 | 4 ◎…いくら課税するのか
③土地の課税標準額の算出

▶▶ 主な特例1〜住宅用地特例〜

　土地の評価額が算出できたら、次は土地の課税標準額を算出します。p141でお伝えしたとおり、課税標準額の計算では①課税標準額を減じる特例と、②**負担調整措置**という2つの要素を考慮する必要があります。まず、①の特例で代表的な**住宅用地特例**について説明します。

　住宅用地特例は、住宅の敷地について課税標準額を減額する仕組みです。これは住宅政策上の見地から、住民の日常生活に最小限必要な住宅用地の税負担を軽減するものです。敷地面積の広さに応じて小規模住宅用地と一般住宅用地に分けて特例を適用します（349条の3の2）。

図表56　住宅用地に対する課税標準の特例

区分	住宅の敷地	課税標準額
小規模住宅用地	200 m² 以下の部分（※1）	評価額×1/6
一般住宅用地	200 m² を超える部分（※2）	評価額×1/3

（※1）200 m² を超える場合は住居1戸あたり200 m² までの部分
（※2）家屋の床面積の10倍まで

　p140の例題は100m² の住宅用地でしたが、200m² を超える場合を考えてみましょう。右図の例では200m² が小規模住宅用地、50m² が一般住宅用地となり、課税標準額は以下のとおり求められます。

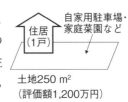

自家用駐車場・家庭菜園など
住居（1戸）
土地250 m²
（評価額1,200万円）

　小規模分：1,200万円×200m²/250m²×1/6 = 160万円
　一　般　分：1,200万円×50m²/250m²×1/3 = 80万円

→課税標準額＝ 160 万円＋ 80 万円＝ 240 万円

　住宅用地特例は住宅政策上の趣旨によるものなので、ここでいう住宅とは「居住の用に供することを目的として建築された家屋」といえます。展示場のモデルハウスや別荘（毎月 1 日以上の居住の用に供していないもの（令 36 条②、則 7 条の 2 の 16））は住宅とは扱わず、その敷地には住宅用地特例は適用しません。

　なお、住居と店舗等を併用する建物の敷地については、建物の居住部分の割合に応じて住宅用地扱いとする率が決められます（図表 57）。

図表 57　併用住宅敷地の住宅用地の率

No	家屋の種類	居住部分の割合	率
1	下に掲げる家屋	1/4 以上 1/2 未満	0.5
2	以外の家屋	1/2 以上	1.0
3	地上 5 階以上を有	1/4 以上 1/2 未満	0.5
4	する耐火建築物で	1/2 以上 3/4 未満	0.75
5	ある家屋	3/4 以上	1.0

　また、いわゆる「空家特措法」における「特定空家等」（≒危険、不衛生な建物）に該当し、市区町村から勧告を受け賦課期日までに必要な措置が講じられない家屋の敷地も、住宅用地特例の適用外です。

▶▶▶ 主な特例 2 ～住宅用地特例の例外適用（建替特例など）～

　住宅用地特例は、賦課期日時点で住宅がある土地に適用するものです。逆にいえば、賦課期日時点で住宅が建設中である土地には適用されません。しかし、一定の要件を満たせば、住宅建設中の土地でも所有者の申告により住宅用地として取り扱います。これを**建替特例**と呼びます。

図表 58　建替特例のイメージ

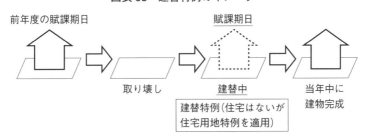

前年度の賦課期日　　　　　　　　　賦課期日

取り壊し　　　　建替中　　　　当年中に建物完成

建替特例（住宅はないが住宅用地特例を適用）

153

> **【建替特例の要件】**
>
> ①前年度の賦課期日時点で住宅用地
> ②当年度の賦課期日時点で建替工事着手
> ③翌年の賦課期日までに住宅完成
> ④建替前の敷地と同一の敷地で建替え
> ⑤土地の所有者が前年度の賦課期日と原則として同一
> ⑥家屋の所有者が前年度の賦課期日と原則として同一

(出典)「住宅建替え中の土地に係る固定資産税及び都市計画税の課税について」（平成 6 年 2 月 22 日付け自治固第 17 号）より著者作成

また、住宅が災害により滅失した場合、他の建物や構築物の用に供されていない土地（いわゆる**被災住宅用地**）は、その土地に住宅がなくても住宅用地として取り扱います（法349条の3の3）。この適用期間は被災年度の翌年度と翌々年度の2年度分ですが、長期の避難の指示等が行われた場合には避難等解除後3年度分、被災市街地復興推進地域においては4年度分になります。なお、甚大な災害の場合は附則により適用期限等が別途定められることがあります（例えば東日本大震災については法附則56条）。さらに、被災住宅用地の所有者等がその土地の代替として取得した土地等（**被災代替住宅用地**）についても、法附則により住宅用地特例が適用される場合があります。

▶▶ 主な特例3〜市街化区域農地の特例〜

p145の地目の認定の項で、農地（田・畑）にも4種類あることを示しましたが、そのうちの1つである市街化区域農地については特例があります。市街化区域農地の課税標準額は、原則、評価額の1/3となります。

▶▶ 主な特例4〜いわゆる「わがまち特例」〜

基本的に、課税標準額を減じる特例割合は法律で一律に決められています。しかし、その一部分を条例で決定できる仕組みがあります。この

仕組みを地域決定型地方税制特例措置（通称「**わがまち特例**」）といいます。これは地方団体の自主性・自立性を高め、地域の実情に対応した政策を展開できるようにするという観点から導入されたものです。

　例えば、土地に関するわがまち特例としては、いわゆる企業主導型保育事業に供する固定資産に係る課税標準額の特例があり、特例割合は価格の1/2を参酌基準（＝目安）として1/3以上2/3以下の範囲内で市町村の条例で定めるものとされています（法附則15条㉝）

　なお、わがまち特例は、課税標準額を減じる特例割合だけではなく、税額を減じる割合を対象とするものもあります（p195で触れます）。

▶▶▶ 負担調整措置

　次は土地の課税標準額の算出で考慮すべき要素②「負担調整措置」についてです。これは評価額の急騰に伴う課税標準額（および税額）の急騰を抑える激変緩和措置です。極端な例ですが、地価が3倍になっても課税標準額および税額は3倍にまで跳ね上がらせないということです。

　具体的な例で説明しましょう。p140の例題の土地（住宅用地）は、路線価100,000円で課税標準額が1,080,000円でした。この路線価が仮に300,000円となった場合、課税標準額は以下のように求められます。

（1）本来、課税標準額は3倍の3,240,000円となる。
　　　※この金額を「本則」という
（2）住宅用地の場合、課税標準額は本則の5％までしか上昇させないという負担調整措置のルールがある（法附則18条）。
（3）課税標準額の上限額は、
　　　1,080,000円＋3,240,000円×5％＝1,242,000円となる。
（4）本則（本来の課税標準額）では3,240,000円だが、上限額が1,242,000円なので、結果、課税標準額は1,242,000円。

　今は住宅用地の例でしたが、これとは別に商業地等（住宅用地以外）の宅地や農地などでそれぞれに負担調整措置のルールがあります。なお、負担調整措置のルールは評価替年度ごと（つまり3年ごと）に見直され、法附則の改正により変更されます。

4│4 ◎…いくら課税するのか
④家屋課税について

▶▶ 家屋の定義

　家屋というと、真っ先に住宅を想像されるかもしれませんが、固定資産税の課税客体となる家屋とは、住家、店舗、工場（発電所および変電所を含む）、倉庫その他の建物であるとされています（法341条Ⅲ）。これは不動産登記法の「建物」と同じであるとされ、言い換えると登記簿に登記されるべき建物です。そして、不動産登記規則111条によると「建物は、屋根及び周壁又はこれらに類するものを有し、土地に定着した建造物であって、その目的とする用途に供し得る状態にあるものでなければならない」とされています。つまり、①**外気分断性**、②**土地への定着性**、③**用途性**の3要件を満たす建物が固定資産税上の課税客体としての「家屋」であり、評価すべき対象となるのです。

　この3要件の説明でよく挙げられる例として車庫とカーポートがあります。一般に、車庫は3要件を満たすので家屋としての課税対象となり、評価を要することになります。一方、屋根だけのカーポートは①外気分断性がないため、家屋として課税しません。また、物置が家屋として固定資産税上の課税客体となるのかが議論になることもあります。なぜなら、②の土地への定着性という要件をどのように判断するか慎重な判断を要するからです。すなわち、単なる物置は土地への定着性がないため課税対象にはなりませんが、アンカーボルトで固定されている場合などは課税対象になり得るからです。このように家屋については、土地と異なり、課税客体になり得るかという判断が必要になってくるところに特徴があるといえます。この点で、担当者ごとに判断が揺れないように、評価要領やマニュアルで詳細化しておくことが望ましいでしょう。

【家屋の3要件】

①外気分断性
　屋根や周壁があり雨風をしのげる
　構造となっている
②土地への定着性
　基礎などが施工され、容易には
　移動できない構造となっている
③用途性
　居住、貯蔵、作業等、その目的に
　供し得る構造となっている

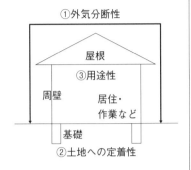

▶▶ 家屋課税の業務の流れ（実地調査について）

　土地の場合、登記所から届く表示登記の異動情報を手掛かりに、異動があった土地を捕捉（把握）し、評価をすることが基本だと説明しました（p138）。家屋も基本的には同じように異動を捕捉しますが、土地と異なるところがあります。それは**実地調査**（法408条）についてです。

　土地の場合は屋外から現況を確認できますが、家屋の場合は建物の内部に入って、内壁仕上や天井仕上、その他の設備を確認する必要があります。（家屋の実地調査の意義はp160で後述します。）したがって、家屋の所有者に了承を得て、調査日時を調整するという前準備が必要です。

　この実地調査について、留意点をいくつか触れておきます。まず、建物を汚したり傷つけたりすることのないように十分気を付けましょう。そして、所有者と接する貴重な機会ですので、必要事項を説明して疑問点等を解消するという心構えも重要です。また、**徴税吏員証**と**固定資産評価補助員証**を忘れず携行しましょう。固定資産税の賦課徴収に関する調査のために必要がある場合に納税義務者等に質問などするときは、これらの証票を携帯し、関係人の請求があったときは提示しなければならない（法353条③）とされているからです。これは、家屋の実地調査に限らず、土地や償却資産課税における実地調査も同様です。

　…市町村には、市町村長の指揮を受けて固定資産を適正に評価し、市町村長が行う価格の決定を補助するために**固定資産評価員**が設置されます（法404条）。そして市町村長は、固定資産評価員の職務を補助させるために**固定資産評価補助員**を選任します（法405条）。固定資産税課税の部署に配属された職員は、通常、固定資産評価補助員となるため、補助員証を携行する必要が出てきます。

▶▶▶家屋評価の考え方

　家屋も、土地と同様、評価基準を拠り所に評価を行います。家屋の評価額は、評価の対象となった家屋と同一のものを、評価する時点でその場所に新築するものとした場合に必要とされる建築費（**再建築費**）であるとされています。評価基準上、家屋の評価額は（1）評点数と（2）評点1点あたりの価額を掛けて算出すると定められています。

　（1）**評点数**は、①再建築費評点数と②損耗の状況による減点補正率、③需給事情による減点補正率を掛け合わせて算出します。これらの意味ですが、まず、①**再建築費評点数**は工事原価（資材費と労務費）と理解してください。そこから②損耗分を減価させます。損耗には建物の経年劣化を反映する**経年減点補正**と、災害等による損傷を反映する**部分別損耗減点補正**があります。そして、建築様式が著しく旧式となっていたり、所在地域の状況によってその価額が減少すると認められる場合に（必要に応じて）③**需給事情による減点補正**を行います。

　次に（2）**評点1点あたりの価額**ですが、これは1点1円を原則とし、④物価水準による補正と⑤設計管理費等による補正を掛けて算出します。④**物価水準による補正**は、①の工事原価が東京都特別区の物価水準を前提としているので、地域による物価差を反映させるものです。また、⑤**設計管理費等による補正**は、工事原価以外に要する建築費用（設計監理費や一般管理費等）を加えるものです。この④⑤の補正率は評価基準で規定されており、3年ごとの評価替えのタイミングで見直されます。

　以上をまとめると、図表59のとおりとなります。

図表 59　家屋評価額の算出過程（新築・増築分）

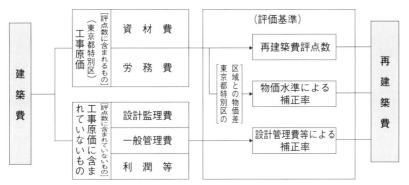

図表 60　再建築費の考え方

（出典）『令和 4 年度 固定資産税関係資料集Ⅰ』（資産評価システム研究センター）

　家屋評価は以下の 5 つの要素からなるといえます。これらについて次節で説明を加えていきます。

【家屋評価の要素】
①再建築費評点数　　　　　　　④物価水準による補正率
②損耗の状況による減点補正　　⑤設計管理費等による補正率
③需給事情による減点補正率

　なお、家屋評価にあたっては、評価する家屋が**木造建築**か**非木造建築**（鉄骨造や鉄筋コンクリート造等）かが大きな分かれ道となります。なぜなら、①②③の評点や減点補正率を決める各基準表、④物価水準による補正率、そして⑤設計管理費等による補正率、いずれも木造と非木造で区分して定められているからです。

4|4 ◎…いくら課税するのか
⑤家屋の評価、課税標準額の算出

▶▶家屋評価1〜再建築費評点数の算出（部分別評価）〜

　家屋評価は5つの要素（p159）のうち①再建築費評点数の算出が最も重要なポイントといえるでしょう。なぜなら、この値が確定すれば、後はほとんど機械的な計算で評価額まで算出できてしまうからです。

　それでは再建築費評点数の算出について、具体的な例で理解していきましょう。最も一般的な木造住宅の例で考えてみます。木造建築の場合、家屋を以下の11区分（部分）に分け、評価基準にある「木造家屋再建築費評点基準表」に基づいて各部分別に再建築費評点数を算出し、それを合計することで求められます。

図表61　木造建築の「部分」

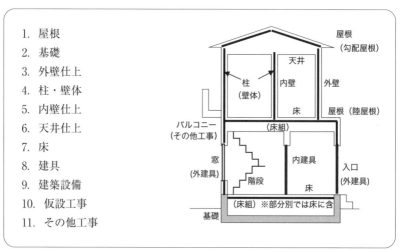

1. 屋根
2. 基礎
3. 外壁仕上
4. 柱・壁体
5. 内壁仕上
6. 天井仕上
7. 床
8. 建具
9. 建築設備
10. 仮設工事
11. その他工事

部分別のうち比較的単純な「基礎」を例に説明します。下記の評点基準表を見てください。計算は3段階で考えます。

（1）評価する家屋の鉄筋コンクリート基礎の地上高を確認し、**標準評点数**、つまり建床面積 $1.0m^2$ あたりの評点数を定める。

（2）何階建てか、平面の形状はどうか、施工の程度はどうかという**補正項目**を見て、補正を行う。すなわち、そのそれぞれの補正係数を掛け合わせる。

（3）**計算単位**である建床面積を確認する。(1)の標準評点数は $1.0m^2$ あたりの値なので、これを掛けることで「基礎」の評点数が求められる。

　評価する家屋の鉄筋コンクリート基礎の地上高が 45cm だったとしたら、**標準評点数**は 13,980 点（円）です。そしてこの建物は3階建てで、凹凸が多く、施工の程度は普通のものだったとすると、$1.25 \times 1.2 \times 1.0$ を掛けて補正します。最後に建床面積が $50m^2$ だとすれば、これも掛け合わせて、結果、1,048,500 点（円）が「基礎」の評点数となります。

図表62　木造家屋再建築費評点基準表（専用住宅用建物）より抜粋

部分別	評　点　項　目　及　び　標　準　評　点　数			標準量	補　正　項　目　及　び　補　正　係　数				計算単位
					補正項目	増点補正率	標　準	減点補正率	
基礎	鉄筋コンクリート基礎	地上高　60cm	16,510	立上り部分延長一〇〇平方メートル当り	階　数	1.25 3階建のもの	1.0 2階建のもの		建床面積
		地上高　45cm	13,980		平面の形状等	1.2 凹凸の多いもの細長いもの	1.0 延べ床面積100㎡程度の2階建で多少平面に凹凸のあるもの	0.8 凹凸のないもの正方形に近いもの	
		地上高　30cm	11,450		施工の程度	1.2 程度の良いもの	1.0 普通のもの	0.8 程度の悪いもの	

　p160で挙げた部分別11区分すべてについて、このような計算を行い積み上げることで、再建築費評点数が算出されます。家屋評価の実地調査は、この評点項目と補正項目について確認、視認するために行います。
　今回の例は木造住宅でしたので、再建築費評点基準表は「木造家屋」の「専用住宅用建物」のものを用いましたが、評価する建物が店舗だったら「店舗用建物」の基準表を用います。このように建物の種類によっ

て採用する基準表が異なります。ちなみに木造家屋では 13 種類、非木造家屋では 9 種類の基準表があります（評価基準別表第 8、第 12）。

図表63　木造家屋（専用住宅用建物）の再建築費評点数の算出例

（例）建床面積 50 m^2、延べ床面積 100 m^2

部分別	評点項目	評点数
屋根	瓦　中	15,690 点× 0.9 × 50 m^2　=　706,050 点
基礎	地上高 45 cm	13,980 点× 1.5 × 50 m^2　= 1,048,500 点
外壁仕上	サイディング	7,530 点× 1.1 × 100 m^2　=　828,300 点
柱・壁体	ー	12,400 点× 1.0 × 100 m^2　= 1,240,000 点
：	：	：
建築設備	システムキッチン	297,800 点× 1.15 × 1 個　=　342,470 点
	：	：
その他工事	バルコニー	48,270 点× 1.1 × 20 m^2　= 1,061,940 点
	：	：

計　9,889,000 点

▶▶▶ 家屋評価 2 ～損耗の状況による減点補正～

　家屋評価の要素の②損耗の状況による減点補正には、建物の経年劣化を反映する経年減点補正と、災害等による損傷を反映する部分別損耗減点補正があると説明しました（p158）。まず 1 つめの**経年減点補正**は所定の経年減点補正率基準表に従って減点しますが、新築の建物は（建物の完成が 1 月であろうと 12 月であろうと）経過年数を 1 年として減点させます。なお、この基準表も建物の用途や構造によって採用するものが異なり、木造家屋では 9 種類、非木造家屋では 10 種類の基準表があります（評価基準別表第 9、第 13）。また、積雪地域や寒冷地域では損耗の度合いがより大きいため、「積雪地域又は寒冷地域の級地の区分」（評価基準別表第 9 の 2）に従って、**積雪寒冷補正率**をさらに乗じます。

　もう 1 つの損耗減価の要素として、災害等による損傷を反映する**部分別損耗減点補正**がありました。これは、損耗度（損傷・腐朽の度合い）を部分別に把握して、減点するものです。例えば、屋根に価額の 20% 程度の価値を減ずる損傷（腐朽）がある場合、損耗残価率 80%（0.80）

を掛けることで減点させます。

　ここで経年減点補正について1点だけ補足しておきます。それは**この補正率は評価基準上、0.2で下げ止まりになる**ということです。家屋評価は物的価値と使用価値の両者に着目して行うところ、使用価値として最小20％は存するとの考えに基づき、最終残価率を20％としているものです。よって、**減価して評価額がゼロになるということはありません。**また、法人税法上の減価償却制度とは異なっていること、そして償却資産の減価の考え方（p170）とも違うことに留意してください。

図表64　木造家屋経年減点補正率基準表
（専用住宅、共同住宅、寄宿舎及び併用住宅用建物）より抜粋

延べ床面積1.0㎡当たり再建築費評点数別区分							
55,120点未満		55,120点以上 86,320点未満		86,320点以上 133,120点未満		133,120点以上	
経過年数	経年減点補正率	経過年数	経年減点補正率	経過年数	経年減点補正率	経過年数	経年減点補正率
1	0.80	1	0.80	1	0.80	1	0.80
2	0.75	2	0.75	2	0.75	2	0.75
3	0.70	3	0.70	3	0.70	3	0.70
4	0.66	4	0.67	4	0.68	4	0.68

図表65　部分別損耗減点補正率基準表より抜粋

損耗度	損　耗　状　況	損耗残価率
0	通常以上の損耗がないもの	1.00
1	当該部分別の価額の10％程度の価値を減ずる損傷（腐朽）があるもの	0.90
2	当該部分別の価額の20％程度の価値を減ずる損傷（腐朽）があるもの	0.80
3	当該部分別の価額の30％程度の価値を減ずる損傷（腐朽）があるもの	0.70

▶▶▶ 家屋評価3〜需給事情による減点補正〜

　家屋評価の要素の③需給事情による減点補正は「建築様式が著しく旧式となっていたり、所在地域の状況によってその価額が減少すると認められる場合」に行うと説明しましたが、適用される場面はそれほど多くなく、各自治体の個別事情で運用されるものと考えてよいでしょう。

▶▶▶ 家屋評価4～物価水準による補正と設計管理費等による補正～

ここまでで（1）評点数が算出されました。後は残る評価要素④物価水準と⑤設計管理費等の補正を行った（2）評点1点あたりの価額を掛ければ、最終的な評価額が算出されます。

これらの補正率は評価基準に記載されていますので、確認しておいてください（評価基準は3年に1度の評価替えのタイミングで見直されますので、これらの率も3年ごとに見直されることになります）。なお、設計管理費等による補正については、木造家屋および非木造家屋ともに床面積がおおむね $10m^2$ 以下の簡易な構造を有する家屋には適用しない（補正率を1.00として計算する）こととされていますので、注意が必要です。

▶▶▶ 家屋評価の注意点

家屋の所有者が所有する建築設備で、家屋に取り付けられ、**家屋と構造上一体となって家屋の効用を高めるものは、家屋に含めて評価します**（評価基準第2章第1節七）。そのため、屋外に設置された配線、配管および家屋から独立して設置された設備は、家屋としての評価（および課税）の対象にはなりません。ただし、家屋として課税しない建築設備でも、事業の用に供している場合には償却資産として課税となりますので、家屋と償却資産の区分については特に気を付ける必要があります。

▶▶▶ 家屋の課税標準額の算出

家屋の課税標準額は、原則、評価額の金額です。ただし、課税標準の特例がある場合や、わがまち特例を適用する場合は、特例割合を乗じます。なお、災害関連の特例として土地の場合は被災代替土地について課税標準額を減額する制度がありましたが（p154）、被災代替家屋の場合は課税標準額の減額ではなく、税額の減額（税額特例）となる点に注意が必要です。（p175で後述します。）

▶▶ 土地担当との連携

　家屋の評価額および課税標準額の算出の話は以上ですが、家屋担当の役割として他に大変重要なことがあります。それは土地担当との連携です。

　住宅用地特例のことを思い出してください（p152）。住宅の新築や滅失は住宅用地特例の適用要否に直結します。この特例の適用誤りは取り返しのつかない課税誤りにつながることもあります（p200で実際の事例を紹介します）。家屋、とりわけ住宅についての異動情報や新築家屋の住居戸数などを土地担当と共有することは、とても重要な業務です。

▶▶ （参考）部分別評価以外の評価方法

　先ほど再建築費評点数の算出方法を説明しましたが、この評価方法は**部分別評価**と呼ばれ、家屋評価の基本的な考え方となります。ただし、評価基準においては、家屋評価の簡素化・合理化を図る趣旨で**比準評価**という方法も認められています。具体的な手順は、以下のとおりです。

【比準評価の手順】

（1）その市町村内に存在する家屋について、その実態に応じて、構造、程度、規模等の別に区分する。

（2）各区分ごとに標準とすべき家屋を標準家屋として定める。

（3）標準家屋について、部分別評価で再建築費評点数を付設する。

（4）評価対象の家屋について、（1）で区分したものと同じ区分に属する標準家屋と比べて、各部分別の使用資材、施工量等の相違を考慮して、その標準家屋の部分別再建築費評点数または再建築費評点数に比準して付設する。（例えば、評価対象の家屋の使用資材が標準家屋の1.1倍であれば、評点数を1.1倍として計算する。）

　なお、一般に比準評価は十分な標準家屋の選定が難しいといわれています。まずは家屋評価のベースとなる部分別評価の考え方をしっかり理解し、運用することが基本だといえるでしょう。

4 | 4

◎…いくら課税するのか
⑥償却資産課税について

▶▶ 償却資産課税の特殊性（土地や家屋との違い）

　土地や家屋の場合、その異動は主に登記所からの登記情報により把握しますが、償却資産については登記制度が存在しないことから、所有者が異動（所有資産の増加や減少など）を申告しなければならないとされ（法383条）、この申告により異動を捕捉します（p132）。

　また、土地や家屋の課税と異なり、償却資産は「取得価額」をもとに評価額を算出します。よって、**償却資産の課税は申告内容が正しいかを確認する**ことに重きが置かれることになります。

▶▶ 償却資産課税の業務の流れ

　土地や家屋の課税の場合、異動を捕捉し次第、評価を始めていきますが、償却資産の課税は所有者からの申告に基づいて評価計算を行います。具体的な業務スケジュールは以下のとおりとなります。

```
 11～12月頃　償却資産申告書を事業所等に発送　▲申告
 1月1日　　　賦課期日　　　　　　　　　　　相談　▲申告
 ～1月31日　申告期限（法383条）　　　　　　▼対応　内容
 ～3月31日　税額計算等（税額決定準備）　　　　　　　▼確認
```

　申告内容の確認は年度末までに行うのが理想ですが、申告件数の多さに比べて処理（確認）時間が十分とれないことがほとんどですので、上記以外の期間に申告内容を確認することもあります（p172で後述します）。

▶▶▶ 償却資産の定義

償却資産とは、おおまかには土地および家屋以外の事業用資産ですが、法341条Ⅳで以下のように定義されています。

> **土地及び家屋以外の事業の用に供することができる資産**（鉱業権、漁業権、特許権その他の無形減価償却資産を除く。）でその減価償却額又は減価償却費が法人税法又は所得税法の規定による所得の計算上損金又は必要な経費に算入されるもののうちその取得価額が少額である資産その他の政令で定める資産以外のもの（これに類する資産で法人税又は所得税を課されない者が所有するものを含む。）をいう。ただし、自動車税の種別割の課税客体である自動車並びに軽自動車税の種別割の課税客体である原動機付自転車、軽自動車、小型特殊自動車及び二輪の小型自動車を除くものとする。

非常に読みにくい条文ですが、次節で解説します。

▶▶▶（参考）間違えられやすい「申告」

償却資産が「事業用資産」である以上、この納税義務者となり得るのは事業者ということになります。事業者は、固定資産税以外にも多くの種類の税金を支払う義務があります。その代表的なものとして、法人であれば法人税、個人事業者であれば所得税があります。この法人税、所得税もまた、事業者の申告（いわゆる確定申告）をもとに課税される国税ですが、償却資産の申告と混同しないよう注意が必要です。例えば、固定資産税の償却資産の償却（減価）は取得価額の5%に達するまでですが（p170で後述）、法人税法上の減価償却は1円（備忘価額）まで減価されます（法人税法施行令61条）。

税理士などの専門家でも固定資産税については詳しくない場合がありますので、償却資産の申告についての相談に対応するときなどには、特に気を付けましょう。

4 ◎…いくら課税するのか
⑦償却資産の課税業務

▶▶償却資産申告書の確認１～納税義務者～

　提出のあった申告書の内容を確認する上で最も重要なのは、申告すべき資産が過不足なく申告されているかという視点です。償却資産の所有者が納税義務者となるわけですが、この「所有」の概念などで注意すべき点がありますので、いくつか説明しておきます。

　まず、リース資産の納税義務者についてです。リース資産は原則、リース会社（賃貸人）が納税義務者となります。ただし、所有権移転ファイナンスリースの場合は、一般的に、実質的に所有権を有することになる賃借人に対して課税します。

　また、家屋の所有者以外の者がその事業の用に供するため取り付け、家屋に付合したことでその家屋の所有者が所有することとなった附帯設備（**特定附帯設備**）で、その取り付けた者の事業の用に供することができる資産については、その取り付けた者を所有者とみなして固定資産税を課することができます（法343条⑩）。例えば、賃貸用ビルなどを借りて事業をする人（テナント）が自らの事業のために取り付けた設備や、外壁・内壁・天井・床等の仕上げ、建具、配線・配管等がその対象です。

　なお、太陽光発電設備については特に注意が必要です。なぜなら、個人が住宅に売電を目的として設置した場合は課税対象となるからです。

▶▶償却資産申告書の確認２～課税客体～

　申告すべき資産が過不足なく申告されているか確認する上で、何が課税客体になるのかという視点でもいくつか注意すべき点があります。

ここでもう一度、p167の法341条Ⅳを見てください。1つめの注意点は「事業の用に供する」という文言です。この文言は、本来業務に直接使用するものに限らず、税務会計上、減価償却できるものであれば償却資産として課税するものと解されます。よって、食堂施設や寄宿舎などの企業の福利厚生施設は、家屋ではなく償却資産として課税する点に注意が必要です。また「事業の用に供する“ことができる”」とありますので、**遊休資産（稼働休止資産）は、いつでも稼働し得る状態にあるため課税客体となりますが、用途廃止したものは課税客体とはなりません。**

　そして注意点の2つめは「土地及び家屋以外」というところです。特に家屋で課税するか償却資産として課税するかの区別は慎重に行う必要があります。しばしば問題となるのが物置です。物置は、①外気分断性、②土地への定着性、③用途性の3要件を満たせば家屋として課税することになりますが、これらを満たさない場合で事業の用に供している場合は償却資産としての課税となります。また、家屋に取り付けられ、**家屋と構造上一体となって家屋の効用を高めるものについては家屋に含めて評価する**というルールにも要注意です（p164）。

　つまり、家屋で評価、課税すべきものを償却資産として評価、課税しないように気を付けなければなりません。例えば、家屋と一体となっているビルトイン型の冷暖房設備は家屋に含めますが、取り外しが可能なルームエアコンは（事業の用に供していれば）償却資産の課税客体となります。また、このルールの観点から改装費用の取扱いも間違いやすいので要注意です。例えば、自己所有物件の場合、専用住宅を改装して併用住宅にしたとしても家屋の評点数で計上すべきであり、償却資産の改装費用には計上しないということになります。

　最後に、注意点の3点めは法341条Ⅳのただし書きの部分です。端的にいうと、**自動車税や軽自動車税で課税するものは、償却資産として固定資産税を課税してはいけない**ということです。例えば、軽自動車税が課されるトラクターやコンバイン等の農耕用小型特殊自動車は、償却資産として計上してはいけません。逆に、大型特殊自動車は自動車税がかからないため、固定資産税の課税客体（償却資産）となります。

▶▶▶ 償却資産申告書の確認 3 〜評価額（償却資産評価）〜

評価基準上、償却資産の評価額は以下の算式で求めるとされています。

前年中に取得した資産　　：取得価額×（1 − 減価率/2）
前年より前に取得した資産：前年度評価額×（1 − 減価率）

ここでいう減価率とは耐用年数に応じて1年で減価する率を意味します。前年中に取得された償却資産は、(取得した月が1月でも12月でも)半年分を減価させるものとして、減価率に1/2を掛ける算式になっています。2年目以降は、毎年、その減価率（1/2を掛ける前の減価率）で減価していきます。（土地や家屋のような「3年に1度の評価替え」という考え方はありません）。そして、評価額が取得価額の5%に達するまで減価を続けます。

減価率は、法定耐用年数（財務省令）に応じて、評価基準別表第15「耐用年数に応ずる減価率表」で定められています（右表）。例えば、令和3年に2,000,000円で取得した償却資産で耐用年数が5年のものは、以下のように計算されます。

図表66　耐用年数に応ずる減価率表

耐用年数	減価率
2	0.684
3	0.536
4	0.438
5	0.369

令和4年度評価額 = 2,000,000円×（1 − 0.369/2）= 1,631,000円
令和5年度評価額 = 1,631,000円×（1 − 0.369）= 1,029,161円

このように固定資産の未償却残高（減価後の金額）に毎年、一定の率を掛けて計算する方法を**定率法**といいます。なお、評価基準別表第15「耐用年数に応ずる減価率表」は、法人税法等の「旧定率法」で使用する償却率と同じです。

▶▶▶ 償却資産申告書の確認 4 〜課税標準額〜

償却資産の課税標準額は、原則、評価額の金額です。ただし、課税標

準の特例がある場合や、わがまち特例を適用する場合は、特例割合を乗じます。災害関連では、災害により滅失（または損壊）した償却資産について被災後一定の期間内に取得（または改良）した場合の償却資産等（被災代替償却資産）の特例があります（法349条の3の4）。また、法附則で適用期限等が別途定められることがあります。これらの特例は申告者が知らないことも多いので、事業者への周知など工夫が必要です。

▶▶ 大臣配分・知事配分（複数市町村に関わる償却資産の取扱い）

償却資産のうち、①船舶や航空機などで、その使用の実態が1市町村内に定置するにとどまらず、複数の市町村にわたるもの、②鉄軌道、発送電施設など2以上の市町村にわたって所在する固定資産でその全体を一の固定資産として評価しなければ適正な評価ができないと認められるものについては、道府県知事または総務大臣がその価格等を決定してこれを関係市町村に配分し、市町村はその配分を受けた価格等により固定資産税を賦課徴収することとされています（法389条）。3月31日までに配分にかかる通知がありますので、この金額を速やかに課税台帳（基幹システム等）に登録して課税することになります。

なお、関係市町村が2以上の道府県に係る資産は総務大臣が配分、関係市町村が1の道府県のみに係る資産は道府県知事が配分するというのが基本的な考え方です。

▶▶ 未申告対応の難しさ（未申告の掘り起こし）

償却資産課税の難しい点として、未申告対応があります。課税の公平性の観点から、そもそも申告すべき資産があるのに申告していない納税者を見つけ出すという「未申告の掘り起こし」は重要です。その方法としては、土地や家屋を所有する法人で、申告のない者を抽出する方法が考えられます。また、法人住民税に係る法人設立・開設届からの捕捉という方法もあります。未申告を機械的に捕捉する絶対的な方法がないのが難点ですが、これらを地道に行うことが重要です。

▶▶ 申告内容の確認の難しさ（確認手段）

　償却資産課税の難しい点に、そもそも償却資産の課税は申告内容が正しいかを確認すること自体が難しいということも挙げられます。では、具体的にどのように確認するのでしょうか。結論として一言でまとめると、関係書類を収集して申告書と突合し、不整合がないかを確認します。

　関係書類として考えられるものとしては、まず国税資料があります。事業を行う者は（固定資産税における償却資産の申告とは別に）、国に税金を納めるための一連の手続きとして、国（税務署）に確定申告を行っています（個人事業者であれば所得税等の確定申告、法人であれば法人税申告等）。法354条の2に基づき、これらの確定申告において国（税務署）に提出された申告書を取得して、償却資産の申告と突合します。より詳細には、所得税関連であれば**収支内訳書**、法人税関連であれば**法人税申告書別表16**を参照することとなります。他にも、法人は**固定資産台帳**という帳簿を作成して固定資産を管理していますので、その帳簿の写しを法人から直接受領して確認することも可能です（法353条）。

　なお、特に太陽光発電設備に関しては申告漏れが多いといわれています。経済産業省のホームページや資源エネルギー庁から太陽光発電の届出施設一覧を入手し、申告漏れがないかをチェックするとよいでしょう。

　申告内容の確認方法についても、未申告の掘り起こしと同様に絶対的な方法がありません。申告誤りの発見の仕方も含め、償却資産課税事務については資産評価システム研究センターが作成している『固定資産税関係資料集Ⅲ―償却資産調査編―』などの資料で詳しく知ることができ、大いに参考になります。

　未申告の掘り起こしも含めて、これらの事務を年度末までに完了することは現実的ではないことがイメージできたのではないでしょうか。したがって、未申告の掘り起こしや申告内容の確認は時期に関係なく行うことになります。なお、そのなかで申告誤りが発覚した場合は、税額を更正（変更）する手続きを行います。過去（過年度）からの申告誤りの場合は、過年度分からしっかり税額変更を行いましょう。

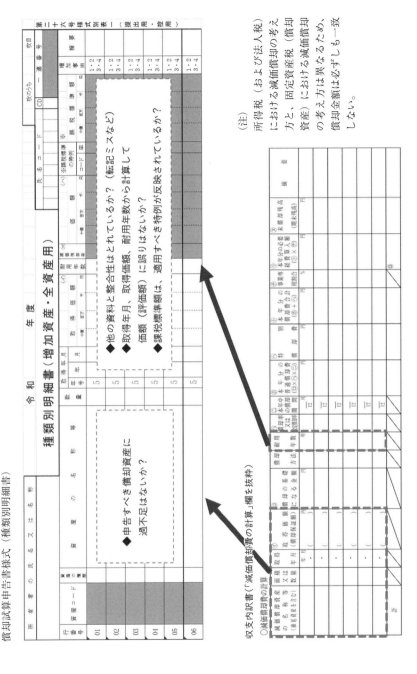

図表67 償却資産申告書と収支内訳書
償却試算申告書様式（種類別明細書）

(注)
所得税（および法人税）における減価償却の考え方と、固定資産税（償却資産）における減価償却の考え方は異なるため、償却金額は必ずしも一致しない。

4 4

◎…いくら課税するのか
⑧税額計算・税額特例

▶▶ 税額の計算

　土地、家屋、償却資産それぞれの課税標準額が求められたら、これらに税率を掛けることで税額が算出されます。**固定資産税の標準税率は1.4%**（法350条）ですが、**税率は条例で定められます。**

　ただし、税率を掛ける前後で考慮すべきことがあります。まず税率を掛ける前に確認すべきものとして、**免税点**というものがあります。そしてもう1つ、税率を掛けた後の論点として、p140の例題でも触れた**税額特例（軽減）**があります。

▶▶ 免税点制度

　固定資産税の**免税点**とは、固定資産税が課せられない課税標準額の合計額のことで、土地は30万円、家屋は20万円、償却資産は150万円と定められています（法351条）。つまり、市町村の区域内に所有するすべての土地の課税標

図表68　免税点

土地	30万円
家屋	20万円
償却資産	150万円

準額の合計額が30万円に満たない場合は「免税点未満」となり、土地について固定資産税は課税されません。同様に、すべての家屋の課税標準額の合計額が20万円に満たない場合や、すべての償却資産の課税標準額の合計額が150万円に満たない場合は、家屋および償却資産それぞれについて固定資産税は課税されません。

　免税点制度は、あまりに少額の税額を課税していくとなると徴税の事務が煩雑となり、徴税コストにかかる費用対効果が得られなくなるため、

少額の課税は行わないようにするという趣旨によるものです。なお、ここでいう課税標準額は、課税標準の特例がある場合はその適用後の金額である点に注意が必要です。

▶▶▶ 税額特例（軽減）

固定資産税の税額特例（軽減）は住宅の課税においてよく適用されます。以下、主なものを示します。

図表69　主な税額特例

内容	軽減額	軽減期間
新築軽減	1/2	3年度分 [*1]
長期優良住宅新築軽減	1/2	5年度分 [*1]
住宅耐震改修軽減	1/2 [*3]	1年度分 [*2]
省エネ改修軽減	1/3 [*3]	1年度分
バリアフリー改修軽減	1/3	1年度分

※原則として他の減額制度との併用不可。ただし、バリアフリー改修軽減と省エネ改修軽減は併用可。

[*1] 3階建以上の中高層耐火住宅等は適用期間が2年度分延長
[*2] 一定の通行障害既存耐震不適格建築物の場合は2年度分
[*3] 長期優良住宅に該当することになれば2/3

これら家屋の税額特例は法附則（15条の6～11）において定められており、それぞれ適用要件等が細かく規定されています。例えば新築軽減の場合、以下のような要件の定めがあります。

【新築軽減の要件】

用途要件…専用住宅や併用住宅（居住部分の割合が1/2以上のもの）
床面積要件…50m^2（一戸建て以外の貸家住宅は40m^2）以上280m^{2}以下
減額対象…住居として用いられている部分の床面積120m^{2}分まで

税額特例の適用にあたっては、その適用要件等に細心の注意を払って確認する必要があります。なお、新築軽減以外はいずれも所有者による申告が必要です（申告期限も定めがあります）。また、これらの税額特例の減額対象は固定資産税のみであり、都市計画税の減額はありません。

税額特例で重要なこととして、最後に、適用期限が規定されていることが挙げられます。前ページに示した税額特例の適用期限はすべて令和6年3月31日までです（令和4年4月1日現在）。新築軽減などは従来から適用期限の延長が繰り返されていますが、適用要件等も含めて改正される可能性がありますので、毎年度の税制改正には注意が必要です。そして家屋にも災害関連規定があり、災害により滅失（または損壊）した家屋について被災後一定の期間内に取得（または改築）した場合の家屋等（被災代替家屋）の軽減があります（法352条の3）。甚大な災害の場合は、法附則で適用期限等が別途定められることがあります。

▶▶ 期割按分

　固定資産税の納期は原則、4月、7月、12月、2月中で条例で定めるものとされています（法362条①）。よって、税額を納期ごとに、つまり4期で分割（按分）する必要が出てきます。税額の分割の仕方も地方税法に定めがあり、税額を一定金額に割って、1,000円未満の端数は1つの納期限に寄せることとされています（法20条の4の2⑥）。例えば税額が42,000円だと、4で割ると10,500円になりますが、各期の500円は1つの期に寄せるので1期分が12,000円、2〜4期分はそれぞれ10,000円になります。

　なお、固定資産税額（都市計画税をあわせて徴収する場合は、固定資産税額と都市計画税額との合算額）が市町村の条例で定める金額以下である場合については、いずれか1つの納期で全額を徴収することができるとされています（法362条②）。例えば4で割ると1,000円を下回る金額である4,000円未満の場合を、1つの納期で全額徴収できる金額として、条例で定められたりしています。

▶▶ 税額の算出過程のおさらい

　ここで改めて税額の算出過程をまとめておきましょう。少し複雑なケースでおさらいします。

【例題】以下の自宅兼美容院にかかる固定資産税額はいくらか。

土地評価額 9,000,000 円（150m^2。美容院用の駐車場はない）

家屋評価額 11,200,500 円（新築。1 階 100m^2 が美容院、2 階 75m^2 が住居）

償却資産評価額 1,400,000 円

※土地課税標準額の算出において負担調整措置は考慮しないものとする。

　また、土地の非住宅用地部分の特例率は 70%（0.7）とする。なお、家屋と償却資産に適用すべき特例はなく、税率は標準税率（1.4%）とする。

（1）各資産の課税標準額を求める

　①土地…住宅用地特例の適用を検討する。今回のケースは住居と店舗等を併用する建物の敷地であり、建物の居住部分の割合は 1/4 以上 1/2 未満であるため、住宅用地扱いとする率は 0.5 である（p153 図表 57 における No1）。よって、土地の課税標準額は以下のとおり。

$$[住] 9,000,000 円 × 0.5 × 1/6 + [非住] 9,000,000 円 × (1 - 0.5) × 0.7$$
$$= 3,900,000 円$$

　　※住宅用地は 200m^2 を超えないため、小規模住宅用地で特例率は 1/6

　②家屋…適用すべき課税標準の特例はないため、11,200,500 円

　③償却資産…適用すべき課税標準の特例はないため、1,400,000 円

（2）税額を求める

　課税標準額を合計する（償却資産は免税点未満であるため含めない）。これに税率を掛けて 1,000 円未満を切り捨てた上で、税率を掛ける。

$$[土] 3,900,000 円 + [家] 11,200,500 円 = 15,100,500 円 ≒ 15,100,000 円$$
$$税額（軽減前）= 15,100,000 円 × 1.4% = 211,400 円$$

（3）税額特例（軽減）額を確認し、税額を確定させる

　家屋について新築軽減の適用はなく、税額 = 214,000 円。

　　∵用途要件（居住部分が 1 棟全体の 1/2 以上）を満たしていないため

【補足】居住部分が 1/2 以上（例えば 100m^2 が住居（住宅）、75m^2 が美容院（非住宅））の場合、土地では住宅用地扱いとする率は 1.0 となり、家屋では新築軽減の適用があります（住居部分の床面積分のみ）。

4 4 ◎…いくら課税するのか
⑨区分所有

▶▶ 分譲マンションの例で理解する

これまで、戸建ての住宅の例で固定資産税の税額計算を見てきましたが、分譲マンションの税額はどのように計算するのでしょうか。これも具体例で見ていくことにしましょう。

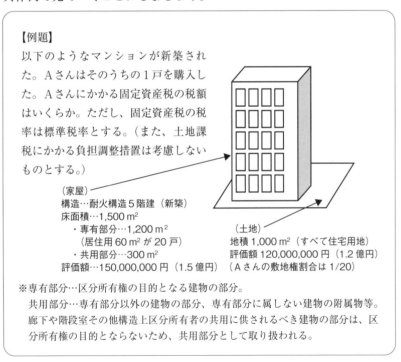

【例題】
以下のようなマンションが新築された。Aさんはそのうちの1戸を購入した。Aさんにかかる固定資産税の税額はいくらか。ただし、固定資産税の税率は標準税率とする。（また、土地課税にかかる負担調整措置は考慮しないものとする。）

（家屋）
構造…耐火構造5階建（新築）
床面積…1,500 m²
　・専有部分…1,200 m²
　　（居住用60 m²が20戸）
　・共用部分…300 m²
　評価額…150,000,000円（1.5億円）

（土地）
地積1,000 m²（すべて住宅用地）
評価額120,000,000円（1.2億円）
（Aさんの敷地権割合は1/20）

※専有部分…区分所有権の目的となる建物の部分。
　共用部分…専有部分以外の建物の部分、専有部分に属しない建物の附属物等。
　廊下や階段室その他構造上区分所有者の共用に供されるべき建物の部分は、区分所有権の目的とならないため、共用部分として取り扱われる。

構造上区分された数個の部分で独立して住居や店舗等の用途に供することができる１棟の建物について、その各部分ごとで所有する形態を**区分所有**といい、分譲マンションがその代表例です。そして、区分所有に係る家屋の敷地の用に供されている土地（通称「底地」）については、原則として各区分所有者は、敷地全体に係る固定資産税額を敷地に対する持分の割合（**敷地権割合**）に応じて按分した額を納付することになります（法352条の2）。また、家屋については、原則的に、区分所有建物（マンション）１棟全体を一括して評価、課税標準額を計算し、専有部分の床面積の割合で按分して税額を算出します（法352条①）。

（１）土地の税額

　課税標準額：120,000,000円 × 1/6（住宅用地特例）＝ 20,000,000円

　税額（敷地全体）：20,000,000円 × 1.4％ ＝ 280,000円

　税額（Ａさん分）：280,000円 × 1/20（敷地権割合）＝ 14,000円

（２）家屋の税額

　課税標準額（Ａさん分）：150,000,000円 × 60m^2/1,200m^2 ＝ 7,500,000円

　税額（Ａさん分）：7,500,000円 × 1.4％ ＝ 105,000円

　税額（税額特例反映）：105,000円 － （105,000円 × 1/2）＝ 52,500円

　　∵以下のとおり床面積要件を満たすので新築軽減を適用

　　専有60m^2 ＋共用300m^2 × 60m^2/1,200m^2 ＝ 75m^2 → 50m^{2}以上280m^{2}以下

（３）税額合計

　（１）14,000円 ＋ （２）52,500円 ＝ 66,500円

　マンションの敷地は共有物等の連帯納税義務の規定は適用されず、税額を敷地権割合で按分します。敷地権割合は原則、専有面積の総床面積に対する各専有部の床面積の割合で、登記簿に記載されています。ただし、古いマンションなど、登記で敷地権割合が把握できないこともあります。その場合は、共有部分を各専有面積の割合で按分するなどの計算により敷地権割合を算出する必要があります。なお、上の計算は原則です。タワーマンションのような居住用超高層建築物（高さ60mを超える建築物）は階層によって補正を行うなどの規定もあります（法352条②）。

▶▶通常／区分所有の税額計算の比較

図表70　通常の税額計算

| 土地 | 家屋 | 償却資産 |

p144　　　　　　　　　p156　　　　　　　　　p170

| 評価額算出 | 評価額算出 | 評価額算出 |

p152　　　　　　　　　p160　　　　　　　　　p170

| 課税標準額算出
（特例反映）
（*1） | 課税標準額算出
（特例反映） | 課税標準額算出
（特例反映） |

p174

| 免税点未満判定 | 免税点未満判定 | 免税点未満判定 |

税額計算
（＝課税標準額合計（免税点未満除く）×税率）

| 土地
税額特例額計算
（*2） | 家屋
税額特例額計算 | 償却資産
税額特例額計算 |

税額確定
（＝税額特例額を差引）

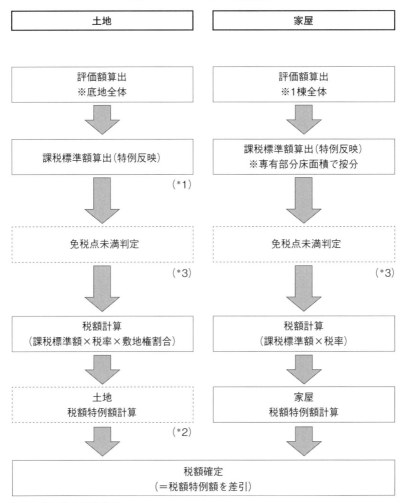

図表 71　区分所有の税額計算

（＊1）主に住宅用地特例
（＊2）土地の税額を軽減するケースはほとんどない
（＊3）現実的には免税点未満になることはほとんどない

4

4 ◎…いくら課税するのか
⑩評価替え

▶▶ 3年に1度の評価替え

固定資産税は、固定資産の価格（適正な時価）に基づいて課税されるものですので、本来であれば毎年度、価格を見直して（つまり評価替えを行って）、その結果を基に課税を行うべきとも考えられます。しかし、膨大な量の土地、家屋について毎年度評価を見直すことは現実的に不可能です。課税事務を簡素化して徴税コストを抑えるという趣旨から、土地と家屋については原則として3年間は価格（評価額）を据え置くこととされています。つまり、3年ごとの**基準年度**に評価を見直すという制度になっているのです（法349条）。この基準年度は「昭和31年度及び昭和33年度並びに昭和33年度から起算して3年度または3の倍数の年度を経過したごとの年度」と定められており（法341条Ⅵ）、最近では平成30年度や令和3年度がそれにあたります。

▶▶ 土地の評価替え（路線価の付設など）

土地の評価替えは、路線価（および標準地単価＝ $1m^2$ あたりの評価額）を見直すことといえます。p144の土地評価の節では路線価等の単価が決まっていることを前提に説明しましたが、ここでは路線価の設定（付設）の仕方（市街地宅地評価法での宅地評価の過程）を説明します。標準地単価の設定の仕方（その他宅地評価法での宅地評価、一般田・畑・山林の評価の過程）は、右ページの図表72のとおり、市街地宅地評価法がシンプルになったものというイメージですので、詳細な説明は割愛します。具体的なプロセスは評価基準を確認してください。

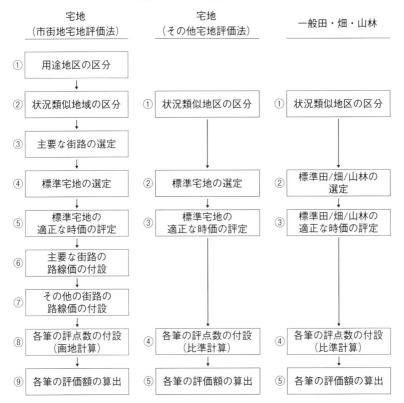

図表72　土地評価の流れ

宅地 （市街地宅地評価法）	宅地 （その他宅地評価法）	一般田・畑・山林
① 用途地区の区分		
② 状況類似地域の区分	① 状況類似地区の区分	① 状況類似地区の区分
③ 主要な街路の選定		
④ 標準宅地の選定	② 標準宅地の選定	② 標準田/畑/山林の選定
⑤ 標準宅地の適正な時価の評定	③ 標準宅地の適正な時価の評定	③ 標準田/畑/山林の適正な時価の評定
⑥ 主要な街路の路線価の付設		
⑦ その他の街路の路線価の付設		
⑧ 各筆の評点数の付設（画地計算）	④ 各筆の評点数の付設（比準計算）	④ 各筆の評点数の付設（比準計算）
⑨ 各筆の評価額の算出	⑤ 各筆の評価額の算出	⑤ 各筆の評価額の算出

　①**用途地区の区分**…市町村内で主に宅地として利用しているエリアについて、その主な用途により商業地区、住宅地区、工業地区、観光地区等に区分します。また、必要に応じてもう一段階細かく区分します。例えば、住宅地区を高級住宅地区、普通住宅地区、併用住宅地区等に区分するといった具合です。画地計算で用いた補正率表（p149）の「地区区分」というのは、この区分のことを指します。

　②**状況類似地域の区分**…①で区分した用途地区を街路の状況、公共施設等の接近の状況、家屋の疎密度等からみて、さらに区分します。例えば、普通住宅地区を、狭小住宅が立ち並ぶ地域と庭付き一戸建ての家が並ぶ地域に分けるといったイメージです。

③主要な街路の選定・④標準宅地の選定…②で区分した状況類似地域ごとに、その地域で最も標準的な街路（平均的な道）を選びます。そして、その街路に面する土地で、奥行、間口、形状等がその地域で標準的（平均的）な宅地を選びます。なお、地価公示調査地点や都道府県地価調査地点が標準宅地にふさわしい場合は、これを標準宅地として採用するのが望ましいとされています。

⑤標準宅地の適正な時価の評定・⑥主要な街路の路線価の付設…標準宅地の適正な時価を求めるには、基本的に不動産鑑定士に標準宅地の評価を依頼（一般的には委託）します。評価基準上、固定資産税評価額は地価公示価格等の7割を目途とされていますので（p143）、鑑定士から提出された鑑定評価書の「$1m^2$ あたり標準価格」の7割の金額を主要な街路の路線価とします。ただし、その標準宅地（標準的画地）が画地計算法の補正の適用を受けるものである場合は、画地計算法で定める補正率で割り戻す必要があります。例えば、$1m^2$ あたり標準価格が48,000円で、その標準宅地（標準的画地）が固定資産評価上 0.96 の補正がかかるような土地であった場合は、48,000 円 ÷ 0.96 ＝ 50,000 円が主要な街路の路線価となります。

⑦その他の街路の路線価の付設…状況類似地域ごとに⑥で付設した主要な街路の路線価をもとに、街路の状況、公共施設等の接近の状況などを考慮して、路線価を付設していきます。例えば主要な街路の路線価が50,000 円で幅員が 4 m だった場合、その付近にある幅員が 6 m の街路については 2 ％増の格差があるとして路線価を 51,000 円として付設するといった具合です。これですべての路線価が決まることになります。

⑧各筆の評点数の付設・⑨各筆の評価額の算出…土地評価の節で示したとおり、画地計算法により算出します（p144）。

以上が市街地宅地評価法の全容です。このうち①〜⑦を見直して路線価を付設し直すのが、3 年に 1 度の評価替えです。例えば、畑が多かった地域で宅地開発が進んだら①②で状況類似地域を見直しますし、道路の拡幅があった場合は⑦で路線価を見直したりします。また、⑤⑥での不動産鑑定評価により地価の動向を反映させることになります。

なお、⑤標準宅地の適正な時価の評定を行う時点は、基準年度の初日の属する年の前年の1月1日です。これを**価格調査基準日**と呼びます。直近の基準年度である令和3年度の例でいうと、令和2年1月1日時点での鑑定評価をもとにして路線価が付設されているということです。(ただし、p151で説明したとおり下落修正を行う必要がありますので、令和3年度の路線価は令和2年7月1日までの間の地価の下落を反映したものになっています。)

また、各市町村で定める評価要領の見直しも、原則、この評価替えのタイミングしかできませんので、必要に応じて対応します。

図表73　路線価付設までのプロセス

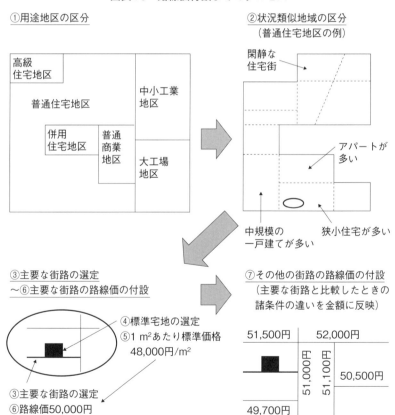

▶▶土地の評価替えにおける注意点

　評価替えでは周辺の開発などにより地価が急騰し、評価額が跳ね上がる場合があります。この場合、税額の激変緩和として負担調整措置が講じられ、例えば地価が３倍になっても課税標準額および税額は３倍にまで跳ね上がりません（p155）。それでは地価の高騰ではなく、土地そのものの状況の変化によって（例えば生産緑地（一般農地）が宅地になることによって）評価額が跳ね上がる場合も、同じように税額を急騰させない激変緩和措置が講じられるのでしょうか。

　この場合、激変緩和は行わないというのが結論になります。なぜなら「地目の変換、家屋の改築又は損壊その他これらに類する特別の事情」があるときは、類似の土地または家屋の価格に比準する金額でもって課税標準額とすると定められているからです（法349条②）。つまり、生産緑地（一般農地）から地目が変わって宅地となった土地と、従来から宅地である土地とで課税標準額が著しく異なるのは不合理だと考えるわけです。

　一般化していうと、土地または家屋に大幅な価値の増減をもたらした原因がその土地または家屋自体に「内在」している場合（法349条②における「特別な事情」がある場合）は、税額の激変緩和は行わないということです。それ以外の場合は、その土地や家屋に関係ないところで評価額が急騰する場合といえるので、負担調整措置で税額の激変緩和を行う必要があり、その代表的な例が地価の高騰だということなのです。

図表74　課税標準額の変動

「内在」要因によって
評価額が急騰した場合
（例：地目の変換）

「内在」要因以外で
評価額が急騰した場合
（例：地価の高騰）

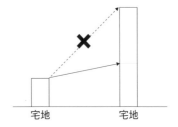

生産緑地　　　　　宅地　　　　　　宅地　　　　　宅地

では、内在要因による場合とそれ以外の場合、それぞれどのような課税標準額の計算の仕方になるのでしょうか。端的に説明すると、内在要因による場合は「遡及計算」を行い、それ以外のケースは「遡及計算」しないということになります。この点、初任者にはとても理解しにくい内容ですし、システムで自動計算される部分でもあるため、はじめから十分に理解することは難しいと思います。本書では、下記でイメージだけ示しておきます。実務経験を積む中でじっくり理解してください。

図表 75　遡及計算の要否

●例：地価の高騰

●例：地目の変換

【○】N−1年度の課税標準額を固定し、N年度の課税標準額を計算する。

[N年度]　　　評価額 → 課税標準額 　　　　　　　　　　　　（宅地） 　　　　　　　　　　↑負担調整 [N−1年度]　　　　　　課税標準額 　　　　　　　　　　　　（宅地）

生産緑地は極めて課税標準額が小さいためこのように計算すると、N 年度の宅地の課税標準額が小さい金額となってしまう。

【×】このように計算してしまうと、類似の土地と計算過程が違うので、課税標準額の計算として不合理。

[N年度]　　　評価額 → 課税標準額 　　　　　　　　　　　　（宅地） 　　　　　　　　　　↑負担調整 [N−1年度]　　　　　　課税標準額 　　　　　　　　　　　　（生産緑地）

【○】過去から宅地があったものとして計算し直す（遡及計算）。

[N年度]　　　評価額 → 課税標準額 　　　　　　　　　　　　（宅地） 　　　　　　　　　　↑負担調整 [N−1年度]　　　評価額 → 課税標準額 　　　　　　　　　　　　（宅地） 　　　　　　　　　　↑負担調整 [N−2年度]　　　評価額 → 課税標準額 　　　　　　　　　　　　（宅地） 　　　　　　　　　　↑負担調整 　　　　　　　　　　　　⋮

▶▶ 家屋の評価替え

家屋の評価替えは、①建物の経年劣化の反映（**経年減点補正**）と、②再建築費を算出する前提となる物価水準の変動の反映を行います。家屋の評価替えにおける評価額の算出方法を図式化すると、次のとおりとなります。（p159 の新築・増築時の図表 59 と見比べてみてください。）

図表76　家屋評価額の算出過程（在来分（評価替え））

評点数					×	評点1点あたりの価額		
再建築費評点数			損耗の状況による減点補正率	需給事情による減点補正率		1円	物価水準による補正率	設計管理費等による補正率
基準年度の前年度における再建築費評点数	×	再建築費評点補正率	×	×	×	×	×	×
②			①			②		②

※①は経年減点補正、②物価水準の変動の反映を意味する

　まず①の経年減点補正です。新築時は経過年数1年目として減価計算しましたが、年数が経過していますのでその分を反映させます。例えば平成30年に新築された家屋は令和元年度課税では経過年数1年として減価計算しましたが、令和3年度課税では経過年数3年としての減価率を適用して計算します。3年に1度の評価替えのタイミングで経過年数を更新することによって、家屋の経年減点を大きくしていくわけです。

　次に②物価水準の変動の反映ですが、これは3つの側面から対応します。1つめは工事原価を意味する再建築費評点数です。3年間の物価変動を反映するための**再建築費評点補正率**を乗じます。令和3年度基準においては物価上昇を反映して木造家屋は1.04、非木造家屋は1.07を乗じることとされています。

　2つめは**物価水準による補正率**です。これは東京都特別区と各地域での物価水準の差を反映するものでしたので、3年間の物価水準の変動を受けて見直しがなされるものです。

　そして3つめは工事原価以外に要する建築費用を意味する**設計管理費等による補正率**です。こちらも3年間の物価変動を反映するため見直しが行われます。令和3年度基準では木造家屋は1.05、非木造家屋は1.10（ともに全国一律）です。以上で示した補正率はすべて評価基準で示されます。

　ここで注意すべき点があります。それはこの評価替えの計算によっても評価額は上昇しないということです。つまり、物価上昇局面において②物価水準の変動による増価分が①建物の経年劣化による減価分を上回ることがあり得ますが、その場合は本来は上昇すべき評価額については

据え置きとするというのが評価替えのルールとなっています。

　ここまでが家屋の評価替えの考え方でしたが、実務上はシステムに各種の率を登録して再計算の処理を行うという事務となります。

▶▶▶ 「いくら課税するのか」のまとめ

　税額計算の話は以上で終了です。評価額、課税標準額、税額の「3つの世界」があることに始まり、土地、家屋、償却資産それぞれの評価額の算出の仕方と、それぞれの課税標準額の算出の仕方、これらをまとめて税額を算出する過程を説明しました。そして、分譲マンションに代表される区分所有にかかる税額計算、最後に3年に1度の評価替えについて説明しました。盛りだくさんな内容で複雑な制度だと感じられたかもしれませんが、基本的な内容を凝縮してお伝えしてきました。わからなくなったときは、該当部分に立ち返って、読み返してみてください。

図表77　異動がない土地・家屋の評価額および課税標準額の変動イメージ

●土地の評価額

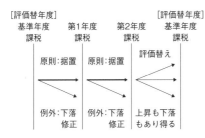

〈土地〉
評価額は評価替年度以外は原則据置き、評価替年度は上昇も下落もあり得ます。課税標準額は、基本的には評価額と同じ動きをしますが、負担調整措置によって評価額の動きに関わらず、上昇する可能性があります。

〈家屋〉
評価替年度以外は評価額および課税標準額は据置きで、評価替年度は原則、減価となります。ただし、物価の上昇時は据置きもあり得ます（上昇することはありません。）

●土地の課税標準額

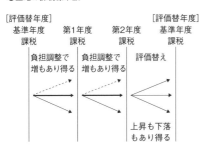

●家屋の評価額・課税評価額

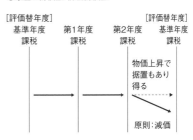

4│5 ◎…どのように 税額を伝えるか （納税の告知）

▶▶ 納税通知書による告知

　納税の告知についての考え方は、住民税の課税と同様です。固定資産税の課税においても税額等を納税者に文書で伝えなければならず、地方税法に定められた形式の文書（**納税通知書**）で適切に行わない限り納税義務は確定せず、税を徴収することはできません（法13条①）。

▶▶ 納税通知書の記載事項

　納税通知書も、住民税の課税と同様、所定の項目が記載されていなければなりません。具体的には、①賦課（税額を割り当てて負担させること）の根拠となった法律および条例の規定、②納税者の住所および氏名、③課税標準額、④税率、⑤税額、⑥納期、⑦各納期における納付額、⑧納付の場所、⑨納期限までに税金を納付しなかった場合において執られるべき措置、⑩賦課に不服がある場合における救済の方法です（法1条①Ⅵ）。なお、ここでいう③課税標準額は、土地、家屋および償却資産のそれぞれの課税標準額と、これらの合計額です（法364条②）。

　また、土地または家屋に対して固定資産税を課す場合、この納税通知書に加えて**課税明細書**を納税者に交付する必要があります。記載事項は、土地の場合、所在、地番、地目、地積および当該年度の固定資産税に係る価格です。一方、家屋の場合は、所在、家屋番号、種類、構造、床面積および当該年度の固定資産税にかかる価格です（法364条③）。

▶▶ 納税通知書の送達期限

　納税通知書は、遅くとも納期限前10日までに納税者に送達（書類が送付されること）する必要があります（法364条⑨）。この「納期限前10日」とは、納期限の前日を第1日として逆算して10日目にあたる日をいいます。固定資産税の納期は、原則として、4月、7月、12月および2月中で、条例で定めることとされています（法362条）が、例えば4月30日を最初の納期限とする場合、納税通知書は遅くとも4月20日までに到着していなければなりません。

▶▶ 送達方法の種類

　送達方法の種類は住民税の課税と全く同じです。なぜなら、地方税法の構成上、根拠条文が同じになるからです（法20条等）。具体的には以下の方法がありますが、詳細は住民税の節（p108）を参照してください。

図表78　送達方法の種類

郵便による送達	普通郵便による（書留でなくても可）
交付送達	本人に直接手渡す
補充送達	同居の者に交付する
差置送達	本人・同居の者の不在等により、郵便受け等に差し置く
公示送達	送達を受けるべき者の住所等が明らかでない場合や、外国においてすべき送達が困難な場合、掲示場に掲示する

▶▶ 納税管理人制度

　納税義務者は納税義務を負う市町村内に住所等を有しない場合に、納税に関する一切の事項を処理させる人（**納税管理人**）を定めて、市町村長に申告または申請しなければなりません（法355条）。この「一切の事項を処理させる」の中に納税通知書の受け取りが含まれるため、納税管理人が設定されている場合、納税通知書の送付先は納税管理人宛とする必要があります。

4 | 6 ◎…固定資産税が かからないケース （非課税）

▶▶▶ 人的非課税と物的非課税

　地方税法は、固定資産税を課すことができない場合、すなわち非課税の範囲を定めています。法律に定めがある以上、非課税は全国一律に適用され、地方団体に裁量の余地はありません。なお、固定資産税の非課税は所有者の性格に着目した**人的非課税**（法348条①）と、固定資産の用途、性格に着目した**物的非課税**（法348条②）があります。

　人的非課税とは、所有者の公的な性格に着目したものであり、国並びに都道府県、市町村、特別区、これらの組合、財産区および合併特例区に対しては、固定資産税を課することができないとするものです。

　一方、**物的非課税**は用途非課税とも呼ばれ、地方税法に列挙されています。非課税となるケースは時代に応じて追加、削除されており、現時点で40以上の種類が規定されています。その種類は多岐にわたりますが、代表的なものとして、国や地方公共団体等が公用または公共の用に供する固定資産や、公衆用道路、墓地、保安林などが挙げられます。

　また、「社会福祉法人その他政令で定める者が児童福祉法第6条の3第10項に規定する小規模保育事業の用に供する固定資産」のように、利用用途だけでなく利用者についても非課税要件とするものもあります。

　なお、法定される非課税要件に該当する固定資産として使用する場合であっても、使用者が有料で固定資産を借り受けている場合は、その固定資産の所有者に課税することができます（法348条②）。先の例でいうと、土地の所有者が小規模保育事業を営む社会福祉法人に有料で土地を貸し付けているのであれば、その所有者には課税するということです。

▶▶ 一部道路非課税

　土地評価は「一筆一画地」を原則としており（p150）、地積は登記地積によるのが原則です（p147）。よって、基本的には1筆の土地を2つ以上の地目に分けて評価することはありません。なぜなら、それぞれの地積を明確に確定できないからです。

　しかし、逆にいうと、それぞれの地積を明確に確定できれば、1筆の土地を2つ以上の地目に分けて評価可能ともいえます。そこで運用上、1筆の土地の一部を公衆用道路として非課税とする自治体も少なくありません。ただし、課税・非課税地積を明確にする趣旨から、所有者に所定の申告を求める運用としているのが一般的です。

▶▶ 非課税の規定の特徴

　非課税要件については、条文に「その他政令で定める」とあり、地方税法施行令、さらには地方税法施行規則を参照することがよくあります。

> 【例題】　NPO法人が一般市民の方から土地を借りて、その上に建物を自前で建てて、短期入所事業所を開設しました。この土地と建物に固定資産税は課税できるでしょうか。

　この場合、法348条②XのVII「社会福祉法人その他政令で定める者が社会福祉法第2条第1項に規定する社会福祉事業（同条第3項第1号の2に掲げる事業を除く。）の用に供する固定資産で政令で定めるもの」に該当するか検討します。ここでいう「政令」は**地方税法施行令**です。そこで同令49条の15（法348条②XのVIIの政令で定める者等）を見ると、その①VIに「前各号に掲げる者以外の者で総務省令で定めるもの」とあり、総務省令すなわち**地方税法施行規則**を参照する必要が出てきます。また、同じ要領で社会福祉法も参照する必要もあります。さらに、この土地の貸付は有償か無償かも確認しなければなりません。このように、非課税かどうかの判断は非常に複雑ですので、慎重に行う必要があります。

4｜7 ◎…税額が低くなる ケース（減免等）

▶▶ 税額が低くなる仕組み

税額が低くなる仕組みとしては、以下のもの挙げられます。

図表 79　税額が低くなる仕組み

特例	法律により課税標準額を減じる（p152）
税額特例	法律により税額を減じる（通称「軽減」）（p175）
非課税	法律上、課税することができない（p192）
免税点未満	課税標準額が一定金額に満たない場合は課税しない（p174）
減免	条例により税額を減じる（後述）

▶▶ 減免

　天災その他特別の事情がある場合において固定資産税の減免を必要とすると認める者、貧困により生活のため公私の扶助を受ける者その他特別の事情がある者に限り、市町村の条例の定めるところにより、固定資産税を減免することができるとされています（法367条）。

　大事なポイントは条例の定めによるという点です。特例、税額特例、非課税、免税点未満は法律の定めによりますが、減免は条例によるため、意思決定の主体は市町村にあります。税条例の規定を運用するための規則などが定められていることが多いでしょう。

▶▶ 課税標準額の減額と税額の減額の違い

　減免は、減額対象が課税標準額ではなく税額だという点も重要です。

課税標準額の減額なのか税額の減額なのかを意識する必要がある理由は、免税点制度に関係してくるからです。例えば、償却資産の課税標準額が200万円だったとしましょう。課税標準額が1/2の場合は免税点未満（150万円未満）で税額がゼロになりますが、税額が1/2の場合は200万円×税率1.4%×1/2＝1.4万円となり、1.4万円の課税となります。

▶▶ わがまち特例

　p154で触れた地域決定型地方税制特例措置（**わがまち特例**）は、多くの場合、課税標準額を減じるものですが、税額を減じるものもあるので注意が必要です。例えば、新築のサービス付き高齢者向け住宅（いわゆるサ高住）の軽減措置については「2/3を参酌して1/2以上5/6以下の範囲内において市町村の条例で定める割合に相当する額を減額するものとする」と規定されています（法附則15条8②）。

図表80　地域決定型地方税制特例措置（わがまち特例）

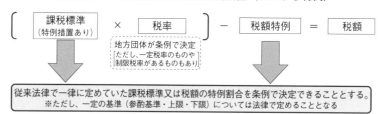

（出典）総務省HP「地方税制度：わがまち特例」

▶▶ 減額対象の把握について

　税額が低くなるケースには、申請を要するものが多くあります。例えば、非課税になる小規模保育事業の用に供する固定資産は、基本的には事業者の申請がないと把握できません。しかしそのことを事業者が知っているとは限らないため、福祉部門に事前に照会して事業者に申請を促すなどの動きが必要となります。公平、公正な課税には、制度の周知をはかり、関連部署とも連携して手続きを進める姿勢が大事です。

4|8 ◎…証明書等の発行

▶▶ 評価証明書・公課証明書

　法382条の3に基づき「固定資産課税台帳に記載をされている事項の証明書」を交付するという事務があります。この証明書は、一般に**評価証明書**、**公課証明書**と呼ばれます。主な記載事項は下表のとおりです。

図表81　証明書の記載事項

土地	賦課期日時点の所有者、所在地番	地目、地積	①評価額 ②課税標準額 ③税相当額
家屋		家屋番号、種類、構造、床面積	

　評価証明書、公課証明書は通称で、明確な定めはありませんが、評価証明書は①を記載したもので、自治体によっては②③も記載している場合があります。また、公課証明書は②または③を記載したもので、①を記載している場合もあります。

▶▶ 名寄帳

　証明書ではありませんが、**名寄帳**（なよせちょう）を発行する事務もあります。名寄帳とは、固定資産課税台帳の記載事項を所有者ごとにまとめた一覧表です。法律上、名寄帳は閲覧に供する旨のみ定められており（法387条）、書面での交付までの義務付けはありませんが、書面の形で交付している自治体が一般的です。

▶▶ 証明書等を発行するときの注意点

証明書等発行事務で最も注意すべき点は、請求してきた人が正当な請求権者かどうか、つまり**本当に証明書等を交付していい人かどうかを確認する**ことです。証明書の請求権者の範囲については令52条の15で規定されており、大まかにいうと①納税義務者、②借地人・借家人等、③一定の処分権者（破産管財人等（則12条の5））、④民事訴訟で訴えの提起等を行う者です。実際の業務では、一定の本人確認書類をもって交付可否を判断することになりますが、請求権者の代理人により請求するケースも含めて各自治体で運用ルールがあると思いますので、それに沿って確実に対応しましょう。**証明書等の発行は、公務員の守秘義務を解除する意味合いもありますので、慎重に対応することが必要です。**

なお、上記の④**民事訴訟で訴えの提起等を行う者**については、**評価額のみが証明できる事項**であり、**課税標準額や税相当額は対象外となっている**点は注意が必要です。この請求権が認められる趣旨は、不動産を目的とする訴えの提起等の申立てをする際の申立手数料の計算で評価額が必要となるからであり、課税標準額や税相当額は不要だからです。

民事訴訟での訴えの提起等で評価証明書が用いられるケース以外にどのような場合に証明書等が必要とされるのでしょうか。考えられるケースとしては、第1に、**不動産の相続や贈与が行われる場合**があります。相続税や贈与税の算定で固定資産税評価額が用いられることがあり、申告の際に評価証明書の添付が求められる場合があります。

第2に、**不動産の所有権移転登記が行われる場合**です。登記申請の際、登記所が登録免許税を算出するにあたって評価額を確認するため、評価証明書の添付が求められるからです。ただし、法務局に評価額を電子通知しており、評価証明書の添付が不要となっているところもあります。

第3に、**不動産売買が行われる場合**です。不動産売買時に売主と買主とで固定資産税をどのように負担するか計算するために、税相当額が記載された公課証明書を請求されることがあります（p204参照）。市民満足度の向上や窓口でのトラブル防止のため、単に証明書等を交付するだけではなく、それがなぜ必要なのか（請求者のニーズ）を理解することも大切です。

4|9 ◎…固定資産税に 固有のトピック

▶▶ 固定資産評価審査委員会制度

　一般に、行政処分に対する不服申立ては、**行政不服審査法による（市町村への）審査請求**という形でなされます。p131 で触れたように、地方税に関しても例外ではありません（法 19 条）。ただし、固定資産税については審査請求以外の不服申立ての仕組みとして、**固定資産評価審査委員会に対する審査申出**という枠組みがあります（法 423 ～ 436 条）。（以下、固定資産評価審査委員会を、略して「固定審」と呼ぶことにします。）

　固定資産の評価は技術性、専門性が高いため、評価額に対する不服については市町村長で処理する審査請求ではなく、専門性を有する独立した中立的な機関である固定審で審査、決定を行うものとしているのです。（このため、固定審は行政委員会の一つであると説明されます。）

　この制度の主なポイントを 4 つ押さえておきます。1 つめは、審査申出事項は評価額に限られるという点です。よって、課税標準額や税額の不服については、固定審ではなく行政不服審査の枠組みで処理することになります。

　2 つめは、固定審に対する審査申出は、原則、3 年に 1 度の基準年度にしか行えないという点です。それは評価額は 3 年間は据え置きだからです。ただし、据置年度でも、異動により評価額が見直された場合は、その課税年度においては固定審への審査申出が可能です。また、土地の下落修正（p151）があった場合も、固定審への審査申出は可能です。

　そして 3 つめは審査申出期間です。納税通知書が納税者に交付されてから 3 か月以内が申出期限です。起算日は納税通知書の発送日ではなく納税通知書の交付日の翌日ですので、間違えないように注意しましょう。

最後に4点めは、固定審の事務局の所管課についてです。審査の中立性を担保するため、固定審の事務局は固定資産税の評価および賦課を担当する課以外の部署で行うことが望ましいとされています。固定審の設置は市町村の義務ですが、事務局の所管課については法律上の定めはありません。

図表82　価格決定から不服申立てまでの基本的な流れ

原則、3月31日までに	価格等の決定（市町村長）（法410条①）		
直ちに	固定資産課税台帳への登録（市町村長）（法411条①）	→	土地価格等縦覧帳簿 家屋価格等縦覧帳簿 の作成（市町村長）（法415条）	3月31日までに
直ちに	台帳登録の公示（市町村長）（法411条②）		土地価格等縦覧帳簿 家屋価格等縦覧帳簿 の縦覧提供（市町村長）（法416条①）	原則、4月1日から4月20日または最初の納期限の日のいずれか遅い日以後の日までの間
納期限10日前までに	納税通知書の送付（市町村長）（法364条⑨）			
	市町村長への審査請求（納税者）（法19条）		固定審への審査申出（納税者）（法432条①）	納税通知書の交付を受けた日後3か月の間
	審査請求に対する裁決		審査の決定（固定審）（法433条①）	申出を受けた日から30日以内に
	裁決、決定に不服がある場合 裁判所への取消しの訴え（納税者）			

（出典）資産評価システム研究センター「令和4年度固定資産税のしおり」を一部改変

▶▶▶ 課税誤りへの対応

　市町村への審査請求や固定審への審査申出などで課税の誤りが認められた場合、納め過ぎとなった固定資産税は還付しなければなりません。しかし、市町村の独自の調査などによって納税者の支払い過ぎが判明することもあります。この点、課税誤りが発覚した場合は価格等に**重大な錯誤**があるとして、直ちに固定資産課税台帳の記載事項を修正しなければなりません（法417条①）。そして**過誤納金**（納め過ぎになった税金）は遅滞なく還付しなければならず（法17条）、時効にかからない5年間分までを還付することになります（法18条の3①）。ただしそれ以上遡っての還付を行わないというのでは納税者の納得が得られないため、要綱などを定め10年分あるいは20年分まで還付する自治体もあります。

　課税誤りで最も起こりやすいが、最も起こしてはならないのが住宅用地特例の適用漏れです。つまり、住宅用地であるにも関わらず、課税標準額を評価額の1/6とする特例を適用せずに課税してしまうというような誤りです。実際にあったケースを紹介しましょう。

　　一戸建ての住居を所有する60代の夫婦が固定資産税やその延滞金などを支払い切れず、A市はその家と土地を公売に掛けて売却した。しかしその後、約27年間にわたって市が固定資産税を誤って過徴収し続けていたことが判明した。A市は国家賠償法などを最大限適用して過去20年まで遡って取り過ぎた延滞金など計約240万円を夫婦に返還したが、夫婦に家が戻ってくることはなかった。

　固定資産税は納税者が自分で税額を計算して申告する申告納税方式ではなく、市町村の処分によって税額が確定する**賦課課税方式**であるため、納税者が誤りに気付きにくいという性質があります。ただ、固定資産税の課税業務は、固定資産の異動（課税客体の変化）を把握して評価や課税をし直すという流れが基本ですから、そこで誤ってしまうと、異動がない限りその誤りはそのまま後年に引き継がれてしまいます。このように、**固定資産税は「過去を引きずる」税**だという点が特徴的であり、そ

の怖さを十分に認識の上、課税業務に取り組む必要があります。

　これまで見てきたように固定資産税の計算は極めて複雑です。その複雑さのために、課税誤りも少なくありません。実際、「固定資産税　課税誤り」でインターネット検索をすると多くの事例が見つかりますし、その他のメディアでもしばしば固定資産税の課税誤りが取り上げられます。複雑すぎる評価、課税制度を問題視する論評も見受けられますが、課税担当としては、決められた定めの一つひとつについて十分に意味を理解しながら、地道にそして確実に課税業務を進めていくことが大切です。

▶▶ 縦覧制度

　固定資産税に関する情報開示制度の一つに**縦覧制度**という独特な制度があります。これは、毎年4月1日から、4月20日またはその年度の最初の納期限の日のいずれか遅い日以後の日までの間、土地価格等縦覧帳簿をその市町村内にある土地に対して課する固定資産税の納税者の縦覧に、家屋価格等縦覧帳簿をその市町村内にある家屋に対して課する固定資産税の納税者の縦覧に供するというものです（法416条①）。つまり、土地または家屋の固定資産税が課される人は、その市町村において土地または家屋の縦覧帳簿を見ることができるということです。

　土地価格等縦覧帳簿には家屋の土地の所在、地番、地目、地積、価格（評価額）、家屋価格等縦覧帳簿には所在、家屋番号、種類、構造、床面積、価格（評価額）が記載されており（法415条①）、縦覧制度はある意味で「赤の他人の情報を見ることができる」という特殊な性格を有しています。この縦覧制度の趣旨は、納税者が他の土地や家屋の価格と比較して自身が所有する土地や家屋の評価が適正かどうかを判断できるようにするところにあります。

　縦覧帳簿には課税標準額や税額は記載されないという点がポイントです。なぜなら、縦覧制度の趣旨で必要となる情報は、比較対象となる固定資産の評価額であり、課税標準額や税額は不必要だからです。縦覧制度の運用においては、その制度の特殊性から、縦覧権者と縦覧できる範囲（縦覧帳簿の記載事項）に細心の注意を払う必要があります。

4 | 10 ◎…都市計画税

▶▶ 都市計画税とは

p127 で、市町村によっては固定資産税とあわせて、都市計画法に基づいて行う都市計画事業または土地区画整理法に基づいて行う土地区画整理事業に要する費用に充てるための目的税として、都市計画税も課税、徴収していると説明しました（法 702 条）。都市計画税については地方税法 4 章 6 節で規定されており、「都市計画税の賦課徴収は、固定資産税の賦課徴収の例によるものとし、特別の事情がある場合を除く他、固

図表 83　固定資産税と都市計画税の比較

	固定資産税	都市計画税
課税客体	土地、家屋、償却資産	土地、家屋（＊1）
納税義務者	所有者	
賦課期日	1 月 1 日	
課税標準	価格（適正な時価）	
税率（税額）	標準税率：1.4％	制限税率：0.3％
免税点	土地：30 万円 家屋：20 万円 償却資産：150 万円	土地：30 万円 家屋：20 万円
課税方式	賦課課税	
徴収方法	普通徴収	
納期（※）	4 月、7 月、12 月、2 月中	
性質	普通税	目的税
備考		（＊1）原則、都市計画区域内のもの

（※）納期は市町村の条例で定める。ただし、特別の事情がある場合は、これと異なる納期を定めることができる。

定資産税の賦課徴収とあわせて行うものとする」（702条の8）など、多くの項目で固定資産税に係る規定を準用しています。

固定資産税と比較して、**都市計画税は目的税**であることに大きな特徴がありますが、この他にも課税客体と税率の面で大きな違いがあります。

なお、都市計画税の目的税という性格上、都市計画税収を都市計画事業等にどのように充てたか、使途を明確にすることが必要です。

▶▶ 固定資産税との違い

図表83の内容以外の固定資産税との主な違いを2つ説明します。

第1に、住宅用地特例の特例率があります。固定資産税の住宅用地特例についてはp152で説明しましたが、都市計画税はその特例率が異なります。具体的には図表84を参照してください。

第2に、税額特例です。家屋の固定資産税課税には新築軽減、住宅耐震改修軽減、バリアフリー改修軽減、省エネ改修軽減などがありますが、都市計画税にこれらは適用されません。（都市計画税の税額特例は、災害等にかかる特例措置の税額軽減と、「主として実演芸術の公演の用に供する施設である劇場、音楽堂などにかかる税額の減額措置」（法附則15条の11）のみです。）

図表84　住宅用地に対する課税標準額

区分	固定資産税	都市計画税
小規模住宅用地	評価額×1/6	評価額×1/3
一般住宅用地	評価額×1/3	評価額×2/3

▶▶ 都市計画税を財源とできる事業

「都市計画法に基づいて行う都市計画事業」は都市計画法4条⑮に定めがあり「都市計画施設の整備に関する事業」および「市街地開発事業」とされています。なお、「都市計画施設」は同法11条①各号に、「市街地開発事業」は同法12条①各号に規定されています。

4|11 ◎…よく尋ねられる 住民からのQ&A 事例集

▶▶ Q. 不動産を売却したのに納税通知が届いたのですが?

　仮に2月に売却されていても、固定資産税は賦課期日（1月1日）時点での所有者に1年度分課税されますので、納税通知書は売主に送付されることになります（p132参照）。

▶▶ Q. 土地と家屋を売却するのですが固定資産税はどうなりますか?

　固定資産税は賦課期日（1月1日）時点での所有者に1年度分課税されますが（p133）、市町村で税額を月割（または日割）計算で売主と買主に分けるということはしません。固定資産税をどのように負担するのかについては売買契約の中で定めるのが一般慣行です。また、その「1年度」の開始月が1月なのか4月なのかといった定めもありませんので、月割（または日割）計算で精算するにしても、その仕方も売買契約の中で売主と買主に決めていただくことになります。なお、納税通知書の送付先については、法務局（登記所）で所有権移転登記がされれば、その内容が市町村に通知され、これに基づき納税義務者を変更することになりますので（p132）、市町村で特別な手続きをする必要はありません。

▶▶ Q. 税額が急に上がっているのですが?

　主に考えられる理由として、第1に新築軽減等の**税額特例適用期間の満了**が挙げられます。新築軽減は軽減率が1/2ですから、この適用がなくなるとその建物の税額が倍になります（p175参照）。

第2に**住宅用地特例の解除**が考えられます。住宅が取り壊されたら、家屋の税額はなくなりますが、土地については住宅用地特例の適用が外れ税額が急騰することになります。取り壊しに限らず、用途が住居から非住居になっても同様のことが起こります（p152参照）。

▶▶▶ Q. 地価・評価額が下がっているのに税額が上がっているのですが?

土地の課税標準額を計算する際には**負担調整措置**があり、評価額が急騰しても税額は必ずしも比例して上がることはありません。この負担調整措置によって、地価・評価額が下がっている（または変わっていない）のに税額が上がるという場合が生じ得ます（p155、189参照）。

▶▶▶ Q. 老朽化する家屋の評価額（および税額）が下がっていないのですが?

まず原則として、評価額は3年間据え置きですので、据置期間中に評価額が下がることはありません。また、評価替年度（基準年度）は建物の経年劣化による減価（経年減点）により基本的に評価額は下がりますが、物価水準の変動を加味するので、物価上昇局面においては評価額が下がらない場合があります（p187参照）。他にも、経年減点補正率は0.2で下げ止まりになりますので、減価しきったために、それ以上は減価されないというケースに該当していることも考えられます（p163参照）。

▶▶▶ Q. 土地の一部が道路なのに非課税となっていないのですが?

評価基準上、「地目の認定に当たっては（中略）部分的に僅少の差異の存するときであっても、土地全体としての状況を観察し認定する」と規定されており、土地の一部が道路でも、全体として宅地等の地目で認定され、課税されている場合があります。1筆を2つ以上の地目に分けて評価しないのが原則ですが（p150）、自治体によっては、所定の申告手続きで課税・非課税地積を明確にする書類の提出を求める等して、1筆の一部を公衆用道路として非課税とする運用をとっています（p193参照）。

COLUMN・4

新型コロナウイルス感染症と課税業務

　2020年（令和2年）1月、日本国内初の感染者が確認されて以降、新型コロナウイルス感染症の流行は通勤ラッシュの回避や学校の休校、イベント自粛、飲食店の営業制限、不要不急の外出を控えるなど、企業活動や市民生活へ多大な影響を及ぼしました。これを執筆している2022年（令和4年）冬においてもなお第8波の真っただ中にあり、収束のめどは立っていないように思われます。

　このような状況は固定資産税の課税業務に影響を及ぼしました。まず、令和3年度課税において、事業収入が一定以上減少した中小事業者等が有する「事業の用に供する一定の家屋および償却資産」について、課税標準額をゼロ（または1/2）とする減税措置がとられました（なお、この減収分は「新型コロナウイルス感染症対策地方税減収補塡特別交付金」という国からの交付金で補塡されました）。また、令和3年度は評価替えの基準年度にあたる年度で土地の評価額の見直しが行われ、異動がなくても課税標準額および税額が上昇する場合があるのが原則でしたが（p182）、令和3年度課税では評価額は上がっても課税標準額、税額は据え置きとする税制改正がありました。

　また、令和4年度課税においても影響は続いており、固定資産評価審査委員会への審査申出は3年に1度の基準年度にしか行えないのが原則であるところ（p189）、第二年度（基準年度の翌年度）にあたる令和4年度においても審査申出が可能とされました。他にも、商業地等の負担調整措置について激変緩和措置が講じられました（従来、課税標準額は評価額の5％までしか上昇させないところを2.5％までに上限が引き下げられました）。

　このように新型コロナウイルス感染症の流行により、あらゆる面で例外的な措置をとることが求められましたが、逆に基本的な原則やルールを改めて確認する機会にもなりました。毎年の税制改正では、課税業務にどう影響するのかを丁寧に確認することが必要です。

第 **5** 章

一歩先に進むための
＋α

最後に本書のまとめとして、仕事の質を高めていくためのヒントや、意識しておきたいことを紹介します。これまで学んできた知識をより深める意味でも大切な内容です。初めのうちは日々の業務で精いっぱいかもしれませんが、本章の内容を心に留めておくことで、今後取り組んでいく課税の仕事がより充実したものになるでしょう。

5 | 1 ◎…地方税法を読む

▶▶ 改めて「正しい課税」とは？

　これまで地方税法などの条文番号を示しながら説明や解説をしてきました。「正しい課税」を行うには、何が「正しい」かを理解する必要があり、「正しい」とは「法的に正しい」ということを意味することから、法令や条文を一つひとつ確認してきました。課税業務を行う上で重要なことは、極端な言い方をすると、納税者と揉め事になり万が一裁判になってしまったとしても、絶対に負けないような判断をしていくということです。「法令運用力」は課税担当として磨くべきスキルでありそしてその力を磨くには、折に触れ、実際に条文をひくという作業を重ねることが大事になってくるのです（p16）。

　その意味で**判断に困ったら最初に法令を確認することが基本**ですが、実際に条文を読んでも「何が書いてあるかわからない」と感じられる方もいらっしゃるかもしれません。法令を読むには基礎知識やコツがありますので、ここではそのいくつかをご紹介したいと思います。

▶▶ 地方税法を読むための基礎知識1〜法令体系〜

　まず押えるべきは法令体系です。国の法令から見てみましょう。

法律＝国会が制定する法
政令（施行令）＝内閣が制定する命令（法律を詳細化、具体化）
省令（施行規則）＝各省（大臣）が発する命令（政令を詳細化、具体化）
　※内閣府（内閣総理大臣）が発する命令は府令

地方税法の法文の中に出てくる「政令」は「地方税法施行令」を、地方税法施行令の法文の中に出てくる「総務省令」は「地方税法施行規則」を指します。

市町村の法令も同様の体系をしています。ただし議会が制定する法は法律ではなく、条例です。

図表85　法令体系のイメージ図

なお、要綱は組織内の事務取扱を統一する目的で制定されるものです。要綱は行政の内部規範であり、条例、規則とは違って法規としての性質はありませんが、従うべきものの一つです。

▶▶地方税法を読むための基礎知識2～地方税法の構成～

地方税法上、本書で関連する規定が登場する部分を目次ベースで抜き出してみました。基本的には、担当する税目の節を参照するのが基本ですが、第一章の総則はすべての税目に共通して適用すべき内容ですので、こちらも重要です（例えば書類の送達（p109、191）について規定する法20条は総則の中にあります）。業務を進めていく中で疑問が出てきたときには、**必ず法的根拠を突き詰める**ことを習慣にしましょう。

図表86　地方税法の目次（抜粋）

第一章　総則
第二章　道府県の普通税
　　（中略）
第三章　市町村の普通税
　第一節　市町村民税
　第二節　固定資産税
　　（中略）
第四章　目的税
　　（中略）
　第六節　都市計画税
　　（中略）
第五章　都等及び固定資産税の特例
　　（中略）
　第二節　固定資産税の特例
　（以降略）

長くて読みにくい法文は、まずカッコを読み飛ばしてみましょう。

市町村長は、納税義務者から第三百八十二条の二第一項の規定による求めがあつたときは、土地名寄帳又は家屋名寄帳に固定資産課税台帳の登録事項と同一の事項が記載（当該土地名寄帳又は家屋名寄帳の備付けが前項の規定により電磁的記録の備付けをもつて行われている場合にあつては、記録。次項において同じ。）をされている場合に限り、同条第一項の規定により当該納税義務者の閲覧に供するものとされる固定資産課税台帳又はその写しに代えて、土地名寄帳若しくはその写し（当該土地名寄帳の備付けが前項の規定により電磁的記録の備付けをもつて行われている場合にあつては、当該土地名寄帳に記録をされている事項を記載した書類。次項において同じ。）又は家屋名寄帳若しくはその写し（当該家屋名寄帳の備付けが前項の規定により電磁的記録の備付けをもつて行われている場合にあつては、当該家屋名寄帳に記録をされている事項を記載した書類。次項において同じ。）を当該納税義務者の閲覧に供することができる。

これをカッコを飛ばして読むとこうなります。

市町村長は、納税義務者から第三百八十二条の二第一項の規定による求めがあつたときは、土地名寄帳又は家屋名寄帳に固定資産課税台帳の登録事項と同一の事項が記載 ~~（当該土地名寄帳又は家屋名寄帳の備付けが前項の規定により電磁的記録の備付けをもつて行われている場合にあつては、記録。次項において同じ。）~~ をされている場合に限り、同条第一項の規定により当該納税義務者の閲覧に供するものとされる固定資産課税台帳又はその写しに代えて、土地名寄帳若しくはその写し ~~（当該土地名寄帳の備付けが前項の規定により電磁的記録の備付けをもつて行われている場合にあつては、当該土地名寄帳に記録をされている事項を記載した書類。次項において同じ。）~~ 又は家屋名寄帳若しくはその写し ~~（当該家屋名寄帳の備付けが前項の規定により電磁的記録の備付けをもつて行われている場合にあつては、当該家屋名寄帳に記録をされている事項を記載した書類。次項において同じ。）~~ を当該納税義務者の閲覧に供することができる。

読みやすくなりましたよね？　カッコ内は後で読みましょう。

▶▶法律を読むコツ2〜「実質的理由」を意識する〜

　法文を読む際ときのコツとしてもう1つ紹介したいのが、**立法趣旨や制度趣旨を意識する**ということです。

　もし自分が市民の立場になったときのことを想像してみてください。行政の窓口の職員に「法律で決まっているから」と言われたらどう思うでしょうか。それなら仕方ないと思われるかもしれませんが、どこか冷たい印象を受ける方もいらっしゃるのではないでしょうか。

　条文の文言を根拠とする場合を「形式的理由」、条文の文言以外を根拠とする場合を「実質的理由」といいます。「法律で決まっているから」というのは形式的理由ですが、なぜそのような決まりになっているのかを示すのが実質的理由です。立法趣旨や制度趣旨はまさしく実質的理由となります。例えば、固定資産税の課税地積は原則として登記地積を採用するという決まりは、土地の面積は見ただけでは分からず実測しなければ判断できないところ、分筆や合筆が頻繁に行われる土地すべてを役所で実測することは時間的にも技術的にも困難だからという「実質的理由」がありました（p147）。

　なぜ実質的理由を意識することが大事かといえば、実質的理由を伴わない形式的理由のみの説明は、説得力に欠けるからです。「法律で決まっているから」と言われたときに感じる冷たい印象は、ここに一因があると考えられます。説明力を磨く（p17）という面からも、法令の実質的理由を把握することは欠かせない要素といえるでしょう。

　実質的理由を意識すべき理由は他にもあります。それは法令を解釈するときに欠かせない要素だからです。法令は不特定多数の人々に対し、不特定多数の場合・事件に適用されるべきものですので、法令は一般的抽象的に規定されるという性質があります。そのため、法的判断には解釈がつきものです。法令を解釈するにあたっては書籍で調べたり、判例にあたったりするのが基本ですが、ポイントとなるのはその解釈が「法的に正しい」と確信をもっていえるための実質的理由を押さえることです。

　はじめのうちは、法令を読むことで精いっぱいかもしれませんが、徐々にこうしたことも意識していきましょう。

5│2 ◎…情報を適切に扱う

▶▶ 多くの情報が集まる税務部門

　課税担当は、多くの個人情報に基づいて業務を進めていくことになります。住所や氏名はもちろんのこと、住民税担当であれば生年月日や勤務先、家族構成、障がいの有無などを、固定資産税担当であれば所有する土地や家屋の情報を調査して、その情報をもとに課税を行います。

　それではなぜ、課税担当は（業務とはいえ）これほど多くの個人情報を扱うことができるのでしょうか。それは、法律上、市町村長もしくはその委任を受けた市町村職員（**徴税吏員**）に個人情報を含め、必要な情報を収集するためのさまざまな権限が付与されているからです。

　代表的な権限として「**事業者等への協力要請**」があります（法20条の11）。徴税吏員は、地方税に関する調査について必要があるときは、事業者や官公署に、各種資料の閲覧や提供などの協力を求めることができます。例えば、納税通知書の返戻対応（p109、191）で、他の自治体に納税者の住民票上の住所を照会しますが、これは協力要請の権限に基づいて行うものなのです。

　また別の権限として**質問検査権**があります（法298条、353条）。これは、必要に応じて一定の者に質問したり、事業に関する帳簿書類やその他の物件を検査して、その物件の提示や提出を求めることができるという権限です。例えば住民税課税では、この質問検査権に基づいて扶養親族等の調査（確定申告書などに扶養控除有となっているが、扶養控除の対象者が誰なのか不明の場合や控除が重複している場合に、対象者を照会して確認すること）を行います。事業所得の内容について確認すべきことがある場合は、帳簿の提出を求めることもあります。さらに課税

資料の提出がない方について、所得の有無についての確認を本人に照会します（これを未申告者の調査と言います）。未申告者の調査で対象者の自宅を訪問することもあります。（この際には、返戻調査と同じく、徴税吏員証を必ず携帯し、複数人で訪問するのが基本です。）

固定資産税課税では、代表的なものに家屋調査があります（p157）。また、償却資産課税での申告内容などの確認調査もあります（p172）。

▶▶▶ 守秘義務と情報開示

このように課税業務で取り扱う情報は、各家庭の事情やプライバシーに踏み込んだ内容のものも多く、きわめてセンシティブなものも含まれます。だからこそ、地方税法では地方公務員法以上に厳しい**守秘義務**が規定されているのです。このことは p24 で書いたとおりですが、大変重要な内容なので立ち戻ってもう一度読んでもらいたいと思います。

課税担当には強い守秘義務が課されている一方で、課税の透明性や説明責任も強く求められます。とりわけ住民税も固定資産税も賦課課税方式を採用しているからこそ、納税者の理解や納得を得るための**情報開示**が重要になってきます。このバランスの中で、誰にどの範囲までの情報開示が認められるのかについても、法令で定められているのです。

住民税の情報開示制度としては、所得証明書、課税証明書や非課税証明書（p118）などがあります。また、固定資産税においては、縦覧制度（法 415・416 条、p201）、納税通知における課税明細書の添付（法 364 条③）、固定資産課税台帳の閲覧・証明（法 382 条の 2・3、p131、p196）などがあります。そのそれぞれにおいて「誰にどの範囲まで」（守秘義務を解除して）開示してよいのか確認しながら業務にあたる必要があります。

また、他部署や他の自治体から照会があった場合も、本当に情報を開示してよいのか、守秘義務を解除する根拠規定があるのかをしっかり確かめる必要があります。情報の取扱いについては、窓口対応や電話での照会も含めて、あらゆる場面で意識しておかなければなりません。

5|3 ◎…徴収を意識する

▶▶課税と徴収は車の両輪

　税務部門においては、皆さんが課税した税額を確実に徴収することを仕事としている徴収担当も、同じくらい大きなウエイトを占めています。両者は「車の両輪」のような関係にあります。

　お互いにとってお互いが不可欠な存在です。課税担当が税額計算を行い賦課しなければ、そもそも徴収担当が徴収すべき税額はありません。しかし、徴収担当が徴収（収納）の仕事を行わなければ皆さんがいくら一生懸命に課税の仕事をしても、自治体の収入にはならず、自治体経営に支障をきたしてしまうことになります。また、未納者に対して滞納処分を行うにも、納税の告知をはじめとして「正しい課税」がなされていなければ、滞納処分自体が違法となる可能性がありますので、「正しい課税」をしっかり理解して業務にあたる必要があります。

▶▶ 窓口対応で徴収担当の業務負担を軽くする

　窓口や電話で市民対応をする際には、目の前にいる（電話の向こうにいる）市民の方が納期限までに確実に納税していただくのがゴールだということを意識してください。つまり、市民の方からのご質問やご相談に対する適切な対応の積み重ねが、結果として徴収率の向上や滞納案件の減少につながっていくということなのです。

　納税の義務は何らかのサービスを受けた対価として支払うという趣旨のものではなく、法令の定めにより発生する義務です。しかし、人情としては誰もが内心では税金は支払いたくはないし、支払うにしても1円でも少ない方がいいと思うものです。だからこそ、納税額に対して「納得」してもらうことが重要になります。納期限までに納めていただけなければ、徴収担当による督促、場合によっては差押えなどの強制徴収（滞納処分）にまで至り、手間が増えてしまうことにもなります。皆さんの説明で納得していただくことが、徴収担当の業務負担を軽くすることにもつながるのです。

▶▶ 徴収担当と情報を共有する

　「少しでも徴収担当の仕事が増えないようにするためには何ができるだろうか」と意識することはとても大切です。その意味で、徴収担当との情報共有は必要不可欠です。例えば、課税担当の窓口でトラブル（クレームや不当要求など）があったとき、後日、徴収担当に同じ案件が持ち込まれる可能性があります。そのときに徴収担当がしっかり対応できるよう、事前に経緯などを共有しておきましょう。

　また、特に課税・徴収担当の双方の協力が必要なものとして、納税義務者が死亡した場合の滞納案件があります。賦課期日前死亡と賦課期日後死亡で対応が異なるなど、事務が複雑になりがちだからです（p134）。このことを課税・徴収担当の双方が十分に理解し、確実かつ慎重に対応するために、お互いの連携が必要不可欠です。

5│4 ◎…財政を意識する

▶▶ 税収見込みを共有する

　本書の冒頭で、最初に①財政規模、②地方税収入のおおよその金額、③歳入額に占める地方税収入の割合を確認するようお願いしました。(p11)。また、課税担当のやりがいとして「自治体を支える誇り」についてもお伝えしました (p20)。このように、税務と財政は切っても切れない関係といえます。

　それでは具体的な業務として、財政（課）とどのような関係が出てくるのでしょうか。その一つは、税収見込みの共有です。財政課が予算編成を行う際、どれぐらいの収入が見込めるかは重要な要素になってきます。なぜなら、見込める収入（歳入）以上の歳出予算を組むことはできないからです。自治体全体の収入のうち税収入が占める割合は小さくないですから、その見込みは特に重要です。税務（課）は、その税収見込みを行うという大切な役割を担っています。

　また、予算編成の段階ではなく予算執行の段階においても、税収見通しを財政課と共有することが大切です。例えば、令和5年度予算では税収が78億円と見込んでいたが、令和5年度に入ってから79億円の収入がある見通しとなった場合、その差額の1億円は重要な財源とすることができます。もし令和5年度に入ってから災害や豪雪で想定外の経費がかさむなど、予定していた額以上の支出が必要となった場合、その1億円を財源とする補正予算を組めるということになるわけです。

　このように税収見込み、税収見通しを財政課と適宜共有することも、税務課の仕事です。この仕事は課長などの上位職が担当する場合がほとんどですが、財政との関わりという意味で知っておくとよいでしょう。

▶▶ 交付税基礎数値報告と交付税検査対応

　財政との関係で重要な業務としては、地方交付税に関連する業務も挙げられます。具体的には、**交付税基礎数値報告**と**交付税検査対応**です。

　地方交付税とは、地方公共団体が一定水準の行政サービスを提供する上での財源を保障し、各団体間の財源の不均衡を調整するために国が配分するお金のことで、ほとんどの地方自治体で地方交付税の配分を受けています（p10 の円グラフを参照）。地方交付税には普通交付税と特別交付税がありますが、各団体に交付される普通交付税の額は、下図のとおり基準財政需要額から基準財政収入額を差し引いた額となります。

図表87　地方交付税（普通交付税）の仕組み

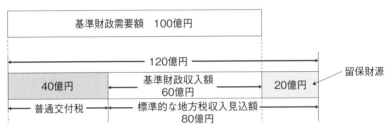

（出典）総務省 HP「地方交付税制度の概要」

　基準財政需要額および収入額を算出する際に必要となる数値のことを交付税基礎数値と呼び、税務課は基準財政収入額の基礎数値（の一部または全部）を報告します。この数字を間違えると地方交付税収入に影響が出ますので、**誤りのないように報告する**必要があります。

　また、地方交付税の算定が適正に行われているか（基礎数値報告に誤りがないか）について確認するため、地方交付税の算定に用いた資料について検査が行われます。この検査は交付税検査と呼ばれ、2 ～ 3 年に1 回、行われます。税務課は基準財政収入額の基礎数値を報告していますので、この検査の対応も行います。特に、基礎数値の変動に関わる要素として税額変更についてはよく確認されます。**税額誤りの修正など税額変更の手続きの際は、特にしっかりと記録しておくことが大切です。**

5│5 ◎…知識の幅を広げる

▶▶▶ 周辺領域にも目を向ける

　徴収や財政も意識して課税業務に取り組む重要性をお伝えしましたが、その他の周辺領域にも目を向けることも大切です。例えば、相続人調査（p60、134）の場面では、そもそも民法上の相続制度の知識や、戸籍を読み取るスキルが求められます。また、生活保護の業務についても知っておく必要があります。住民税も固定資産税も、貧困により生活のため公私の扶助を受ける者に対して条例の定めにより税額を減免することができました（法323、367条）。この点、生活保護の担当者（ケースワーカー）とどのような連携体制をとることがお互いにとって円滑な業務遂行につながるのか、そのような視点で考えるとよりよい仕事の進め方が見えてくるかもしれません。

　住民税については、介護保険料（65歳以上）や国民健康保険料（税）、後期高齢者医療保険料の算定基礎となる合計所得金額や総所得金額等の数値を共有することになりますから（p123）、これらの制度について知っておくとよいでしょう。

　固定資産税については、土地評価においては農地や生産緑地に関する制度（農地法、生産緑地法）の知識を使いますし、建物の建築可否を考慮する際には建築基準法の知識を動員します。路線価算定においては都市計画法上の用途地域や道路の情報（幅員など）が必要となりますし、家屋の課税においては建築確認を参照する場面も出てきます。また、「特定空家」の勧告を受けた建物がある土地は住宅用地特例の適用を除外するので、勧告状況を空き家担当部署から提供してもらわなければなりません。他にも、福祉事業等の用に供する固定資産にかかる非課税の手続

きを行うにあたっては、関連する情報を確実に入手することも必須です。

　このように、課税業務は税に関する知識以外に必要となる周辺領域の知識も多岐にわたります。関連領域の所管課とは十分にコミュニケーションをとって必要となる知識や情報を得るとともに、よりよい仕事の進め方を模索することも重要な仕事です。

▶▶ 資格試験に挑戦する

　知識の幅を広げるため資格試験にチャレンジしてもよいかもしれません。税の知識を活かしてファイナンシャルプランナー試験に取り組んだり、固定資産税担当であれば窓口に不動産業者の方が来られることも多いので宅地建物取引士の資格を取得するといった具合です。

　本書が取り上げている課税業務に限らず、行政職員の仕事は限りなく広がりがあるものだと思います。日々是勉強。このスタンスは職業人として欠かせないものではないでしょうか。

図表 88　税務の仕事に関係する周辺領域

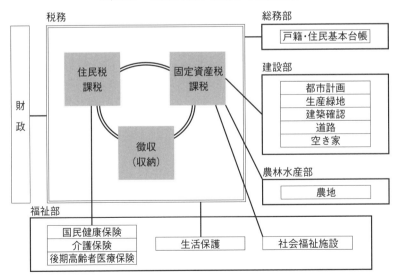

219

5|6 ◎…チームプレーを 大切にする

▶▶ 係内でのチームプレー

　課税業務は一人ではできません。そこで大切になってくるのは、**自分の仕事の成果は他の人が後から見て経緯がわかるようにしておくこと**です。正確性が強く求められる税務の仕事は必ず他の係員がチェックします。そのときにチェックしやすいように配慮するという心構えはとても大切です。また、交付税検査では2年前の税額変更の経緯を説明するという場面も出てきます（p217）。そのときの対応で困らないよう、しっかりと経緯を記録しておく必要もあります。「**後工程はお客様**」という言葉がありますが、日頃からこの言葉を意識しておきたいところです。

　また、**担当によって判断にバラつきが出ないようにする、誰が担当しても同じ結果を出せるようにする**という視点も大事です。初任者のうちはわからないことも多いと思いますが、「多分こうだろう」という判断は大変危険です。判断に迷ったら（少し調べてわからなかったら）、周囲の同僚等に相談することです。そしてこれも記録に残しておくことです。このとき、起案やマニュアルで残すなど、**自分一人の知識としてではなく「組織の知識」として後世に残す**という視点が大事です。

　これらのことを意識しながら、係内でしっかり情報共有をはかって仕事をしていくことが、係内のチームプレーへとつながっていくのです。

▶▶ 役所内でのチームプレー

　課税と徴収は車の両輪、そして税務と財政は切っても切れない関係、さらに周辺領域から多くの情報を得ながら進めていく課税業務。このよ

うに、課税の業務は多く他部署と連携を要するわけですが、裏を返せば他の部署としても課税担当と連携を要する場面があるということです。つまり、**役所内ではどの部署とも持ちつ持たれつの関係でつながっている**ともいえます。ですから、課税担当の範囲を超えた課題に対して他部署から相談などがあれば、一緒になって取り組むことが大事です。ただし、税務情報は同じ役所内であっても非公開が原則です。他部署から特定の情報を教えてほしいと言われたとしても、守秘義務を解除する根拠規定がなければ回答してはいけません（p213）。

▶▶▶ 他市町村・税務署とのチームプレー

　チームプレーの範囲は自身の市町村に留まりません。例えば近隣市町村との連携です。困難な事例や判断に迷うケースで自身の市町村内では明確に結論が出しにくい場合、近隣市町村の同じ課税担当の方に相談するとよいでしょう。逆に、相談されたときは一緒になって考えましょう。ここも持ちつ持たれつの気持ちで接したいところです。特に固定資産税では、複数の自治体に固定資産を有する納税義務者も珍しくありませんので、近隣市町村間で法的な判断や事務の運用方法を共有しておくことは有用です。その意味でも、日頃から近隣市町村の課税担当どうしで良好な関係を築いておくのが理想的です。また、住民税では、区域を所轄する税務署との連携も極めて重要です。所得については所得税と住民税は原則的に同じ額になることから（p63）、税申告の時期だけではなく、日常的に意思の疎通を図る必要があります。

　さらに、近隣市町村等のみならず全国の自治体にも目を向けてみましょう。業務上の知恵やノウハウは１つの自治体で独占されるべきものでもありませんし、これらを全国の市町村で共有することもできます。（コラム5「"外"の世界をのぞいてみる」（p226）を読んでみてください）。また、他自治体の事例を参考にして業務改善を行うこともあるでしょう。

　課税業務において、全国の自治体は「同志」といえます。このネットワークでもって、全国で「正しい課税」を行うこともまた、広い意味でチームプレーといえるでしょう。

5│7 ◎…業務を改善する

▶▶ 現状を理解して可視化する

　業務に慣れてきたら、業務改善に取り組んでみましょう。ただし、その前提として現行業務の正しい理解が必要です。特にシステム仕様の理解は大切です。課税業務は基幹システムなどを（固定資産税課税では家屋評価システムなども）使って行いますが、一定の項目を入力して所定の手順でボタンをクリックしていけば税額などが計算されるようになっています。これは便利である反面、中身を理解できていなくても税額などが計算できてしまうため、税制などの理解が疎かになりがちです。そのため、**課税の仕組みをしっかり理解し、システムがどの部分を担っているのかを正確に把握しておく必要があります。**

　現行業務が正しく理解できたら、次はそれを**文書に残すなどして可視化**してみましょう。前節では他の人が後から見て経緯がわかるように記録を残すことの重要性を述べましたが、可視化の意義は他にもあります。それは文書に残そうとすると疑問点が出てくるということです。人に伝えようとして、自分が理解できていないことに気付くということはよくあります。そこでまた詳しく調べるということを繰り返していくことで、自身の知見が深まっていくとともに「組織の知識」が蓄積されていくことになります。

▶▶ 業務フローを書いてみる

　現行業務を可視化する一つの方法として**業務フロー**があります。業務フローとは業務全体を俯瞰する流れ図のことです。これにより、誰が、

どの順番で、何を（どのような処理や作業を）行うのか、一連の流れを客観的に整理することができます。業務フローは、①どの作業や処理に多大な時間を要しているかが浮かび上がってくる、②無駄な作業や重複している作業などが見えやすくなる、③どの作業や処理でミスが発生しやすいか把握しやすくなるなど、**現行業務が最適かどうかを改めて見直すための手掛かり**となりますし、**業務改善について検討、議論をする上での共通認識**にもなります。さらに、令和7年度までに地方公共団体の情報システムの標準化が図られる対象業務に課税業務が含まれています。このことも踏まえ、何がどう変わるのかを把握し、分析するためにも業務フローを作成しておくことが望ましいといえます。

　なお、業務フローの書き方については、「業務フロー　書き方」などでインターネット検索すればいろいろ出てきます。次ページに例（イメージ）を示しておきますので、参考にしてください。

▶▶▶ そして業務改善へ

　業務フローの作成で課題が明らかになれば、それに対応した業務改善を図ることになります。重複作業はまとめたり省略する、ミスの多い処理はミスが起きにくいように環境を整えるなどです。ここではそれ以外の改善方法について触れておきましょう。

　まず、最近話題の**RPA**（Robotic Process Automation）です。RPAは定型的なパソコン操作をソフトウエアのロボットにより自動化するものです。大量データのシステム入力処理で定型的な単純入力が多いものは、RPAの導入により効率化が図れる可能性があります。

　また、どこに何があるのかわかりやすいようにオフィスのレイアウトや、資料などの置き場所を見直すということも考えられます。

　他にもいろいろなアプローチがあると思いますが、大切なのは「〜〜の作業が面倒だ」「○○処理のミスが多い」などの課題を感じたら、**些細なことでも工夫してみること**です。その積み重ねは自身と組織にとって大きな財産となることでしょう。

【資料】業務フローの例

図表 89　業務フローの例 1：土地評価（処理の流れを意識した図）

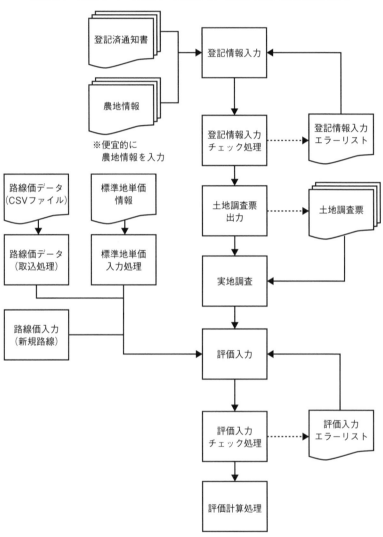

〈ポイント〉
  ・処理の順番を意識する
  ・入力情報、出力情報を意識する

図表 90　業務フローの例 2 : 下落修正（情報の流れを意識した図）

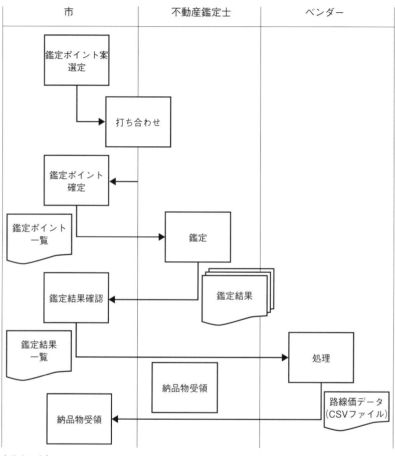

〈ポイント〉
　・関係者を洗い出して、横軸（「スイムレーン」）に記載する
　・どのような情報のやり取りがあるのかを意識する

（補足）
最初から完璧を目指さないのがよいでしょう。また、細かく書き過ぎないこともポイントです。例えば業務フローには条件によって後続の処理が変わる「条件分岐」が付き物ですが、最初からこれを使うことはあまりお勧めしません。「AかBか」といった大きな場合分けには有用ですが、大まかな業務の流れを可視化する目的の場合は、例外的なものまで条件分岐で表現してしまうと枝分かれし過ぎて、かえってわかりにくくなります。

第5章
一歩先に進むための＋α

COLUMN・5

"外"の世界をのぞいてみる

　近年、「越境学習」が注目されています。所属する組織の枠を越えて学ぶことで、自身の仕事のやり方を見直したり、もっと広く価値観や想いを再確認して内省するきっかけを得ようとするものです。

　ところで著者は、いわゆる社会人採用枠で行政職員となりました。民間企業に10年勤務してからの転職でした。その分の遅れをキャッチアップしたいと思い、地方自治についての講演会を聞きに行った先で目にした光景は、休みの日にも関わらず、真剣に学び、熱い思いを語り合う多くの行政職員の姿でした。

　その場のエネルギーに刺激を受け、以降、自身が勤務する職場の内外を問わず、できるだけ学びの場に参加するようになりました。そこでは新たな学び、気付きが多くあり、視野がどんどん広がっていくことを実感しています。特に普段の仕事の中だけでは接点のない人と出会えることは、貴重な財産になっています。実は、本書の著者である2人も「よんなな会」（国と全国の地方自治体の職員をつなげることを目的とした会）のイベントでご縁をいただきました。まさしく越境学習の意味を、身をもって感じているところです。

　越境学習の機会は「リアル」の場に限りません。最近ではウェブ上のイベントやコミュニティも増えており、参加がしやすくなっています。例えば、インターネット上で交流できるプラットフォーム「オンライン市役所」には、さまざまなコミュニティがあり、住民税ゼミや資産税ゼミでも、日々、情報交換をしています。複雑、困難な事例について知恵を出し合い、実際に解決に至ったという例もあります。

　職種を問わず普段と違うフィールドに一歩踏み出して、日常の業務では得られない知見に触れることはとても有意義で刺激にもなります。皆さんも、職場の"外"の世界を一度のぞいてみませんか？

【参考文献・参考資料】

税目共通

▶総務省ホームページ「地方税制度」

→文字どおり、地方税制度を概観できます。ご自身の業務に関係するページは目を通しておきましょう。

（https://www.soumu.go.jp/main_sosiki/jichi_zeisei/czaisei/czais.html）

▶総務省ホームページ「地方財政白書」

→財政の視点から税を眺めるための資料として。ビジュアル版が読みやすく、p10 や p46 で紹介した円グラフはここから引用しています。

（https://www.soumu.go.jp/menu_seisaku/hakusyo/index.html）

▶図解地方税【石橋茂編（大蔵財務協会）】（毎年発刊）

→地方税法の全税目について体系的に整理されており、細かい内容まで記述されている。地方税法の内容をほぼ網羅しており、税務課には置いておきたい1冊。

▶地方税総則実務提要【地方税総則研究会編（ぎょうせい）】

▶地方税法総則逐条解説【地方税務研究会編（地方財務協会、2017)】

→いずれも、業務で困ったときに調べるためのもの。「実務提要」は「加除式」とも呼ばれ、業務で実際に問題となる点についてQ＆A形式で収録されています。「逐条解説」は、各条文の趣旨や解説が掲載されており、条文を解釈する際に大いに参考になります。

▶市（町・村）税条例（例）【市町村税務研究会編（地方財務協会）】（毎年発刊）

→条例改正を担当する際に参照する必携の書。

▶図解 よくわかる 地方税のしくみ〈第1次改訂版〉【柏木恵（学陽書房、2020)】

→図解とイラストで、地方税の基本がわかりやすく理解できます。本書との併用を薦めます。

▶地方税ガイドブック【東京税務協会編】（毎年発刊）

▶増訂版 キーワードの比較で読むわかりやすい地方税のポイント115【地方税事務研究会（ぎょうせい、2012)】

→いずれも、地方税について体系的に解説されたもの。本書の内容をしっかり理解した後に、手に取ってみてください。

▶租税法第24版（法律学講座双書）【金子宏（弘文堂）、2021】

→租税法の成り立ちや基礎的な知識から最新の研究内容、裁判例などを、深く学術的に学ぶことができます。

▶月刊『税』【ぎょうせい】

▶月刊『地方税』【地方財務協会】

→地方税についての最新情報が満載。業務に関連する部分は目を通すとよいでしょう。

住民税　①市町村税実務提要【市町村税務研究会編（ぎょうせい）】（加除式）
　　　　②住民税逐条解説【自治省税務局編（地方財務協会、1996）】
　　　　③要説住民税【市町村税務研究会編（ぎょうせい）】（毎年発刊）
　　　　④住民税のしおり【市町村税務研究会編（ぎょうせい）】（毎年発刊）
固定資産税　①固定資産税実務提要【固定資産税務研究会編（ぎょうせい）】（加除式）
　　　　②固定資産税逐条解説【固定資産税務研究会編（地方財務協会、
　　　　　2010）】
　　　　③要説固定資産税【固定資産税務研究会（ぎょうせい）】（毎年発刊）
　　　　④固定資産税のしおり【資産評価システム研究センター編】（毎年発刊）★
→①実務提要と②逐条解説…前ページの「税目共通」のとおり。
　③要説…制度をやや詳細に理解したいときに読みます。
　④しおり…市民向けですが、初見で理解するのは難しい内容です。窓口でこれ
　を用いながら市民に説明できるようになるのが最初の目標です。

住民税

▶住民税計算例解【市町村税務研究会編（ぎょうせい）】（毎年発刊）
→月刊『税』の毎年７月号別冊付録。住民税について、基本から応用までさまざ
　まな税額計算問題とその解説が収録されています。一定の実務経験を積んだ後
　に、ぜひチャレンジしてみてください。
▶所得税・個人住民税ガイドブック【松岡章夫、秋山友広、山下章夫、笹原眞司
　（大蔵財務協会）】（毎年発刊）
→所得税と住民税について、一体的に解説されていて、相違点を比較できます。
　確定申告の内容を理解するために参照するもの。
▶一目でわかる医療費控除【納税協会連合会（清文社）】（毎年発刊）
→医療費控除についての本。どこまでが医療費控除の対象となる医療費なのかに
　ついて、一目で確認できる○×形式となっていてわかりやすいです。

固定資産税

▶固定資産評価基準解説（土地篇）（家屋篇）【固定資産税務研究会編（地方財務
　協会）】（評価替年度ごとに発刊）
→固定資産評価で悩んだときに参照するもの。
▶固定資産税関係資料集Ⅰ～Ⅳ【資産評価システム研究センター編】（毎年発刊）★
→文字どおり資料集。特にⅠは固定資産税課税から固定資産評価まで網羅的に掲
　載されているので、文章で読んでもわからない内容について調べると、理解の
　一助となるでしょう。
▶固定資産税評価のあらまし－土地・家屋を中心に－【資産評価システム研究セ
　ンター編】（評価替年度ごとに発刊）★
→固定資産評価の全体像をつかむのに最適。内容も読みやすいので、評価業務に
　取り組み始めるときに、まず読むとよいでしょう。
▶固定資産税の情報開示－新縦覧制度を中心に－100問100答【固定資産税務研
　究会編（地方財務協会、2002）】
→著者の職場のキャビネットにあったもの。情報開示で判断を要する場合によく

参照しました。（古い本ですので、後に他の良書が出ているかもしれません。）

徴収関係

▶地方税の徴収担当になったら読む本【藤井朗（学陽書房、2018）】
→「はじめに」で紹介した「○○担当になったら読む本」シリーズの徴収版。
▶現場のプロがやさしく書いた 自治体の滞納整理術【岡元譲史（学陽書房、2021）】
→徴収に関するもう1冊のお勧め本。「メンタルの守り方」など、知識や技術以外の面も取り上げられています。

国税関係

▶財務省ホームページ「税制（国の税金の仕組み）」
→国税に関するポータルサイト。
（https://www.mof.go.jp/tax_policy/index.html）
▶国税庁ホームページ「税の学習コーナー」
→そもそも「税」とは何かについてわかりやすく説明してくれています。入門編（小学生向け）から実践編まで段階的に説明があり、意外とお勧めです。
（https://www.nta.go.jp/taxes/kids/index.htm）
▶国税庁ホームページ「税務大学校講本（税大講本）」
→税務大学校の普通科および専門官基礎研修で、はじめて税法に触れる研修生が基礎知識を学ぶために使用されているもの。理論的な内容を調べるのに役立ちます。
（https://www.nta.go.jp/about/organization/ntc/kohon/index.htm）

その他

▶元法制局キャリアが教える法律を読む技術・学ぶ技術［改訂第4版］【吉田利宏（ダイヤモンド社、2022）】
→ p17で紹介した法律の初学者向けの本。

※星印（★）のものは、資産評価システム研究センターのホームページからダウンロードで入手できます（https://www.recpas.or.jp/new/jigyo/2jigyo_lib.html）

【用語集】

あ行

安定性の原則（p43）
地方税原則の1つ。地方税は景気変動に左右されず、安定して税収を確保できるのが望ましいという原則。

一物四価（p143） 固
1つの土地に対して、4つの価格（実勢価格、地価公示価格、相続税評価額、固定資産税評価額）があることを示す言葉。

一定税率
法律上1つの税率が定められているもの。

（固定資産台帳の）閲覧制度（p131） 固
市町村長は、納税義務者その他の者（借地借家人等）の求めに応じ、固定資産課税台帳のうち、これらの者に関する固定資産について記載されている部分を閲覧に供しなければならないとする制度。縦覧制度との違いに注意。

応益原則（応益性の原則）（p29）
地方税原則の1つ。行政サービスの受益に応じて、租税を負担するという考え方。

応能原則（p44）
経済力（担税力）に応じて租税を負担するという考え方。

か行

（固定資産税）概要調書（p39,131） 固
法418条の規定に基づき作成される固定資産の価格等に関する統計資料。市町村長が固定資産の価格等を決定した場合等において、その結果の概要調書を作成し、これを都道府県知事に送付しなければならない。通称「ガイチョウ」。

家屋（p156） 固
住家、店舗、工場（発電所及び変電所を含む）、倉庫その他の建物。

家屋価格等縦覧帳簿（p201） 固
家屋の所在、家屋番号、種類、構造、床面積、価格を記載した帳簿。課税標準額は記載しない点に注意。

家屋課税台帳 固
登記簿に登記されている家屋について法381条③に規定する事項を登録した帳簿。

家屋補充課税台帳（p132） 固
登記簿に登記されている家屋以外の家屋

（未登記家屋）で地方税法の規定によって固定資産税を課することができるものについて法381条④に規定する事項を登録した帳簿。

価格（p144,182） 固
適正な時価。いわゆる評価額のこと。

確定申告（p65） 住
毎年1月1日から12月31日までの1年間に生じた所得の金額とそれに対する所得税等の額を納税者自らが計算して確定させる手続。

画地計算法（p148） 固
市街地宅地評価法における宅地の評価額を算出する方法。固定資産評価基準（土地）の別表第3で定められている。

課税客体（p28,35）
課税要件の1つ。課税の対象となる物（または行為、事実）。課税物件と同義。

課税主体（p30,34）
税を課す者のこと。課税権を有する者。

課税地積（p147） 固
各筆の土地の評価額を求める場合に用いる地積のこと。原則として、登記簿に登記されている土地については登記地積により、登記簿に登記されていない土地については現況地積による。

課税地目（p145） 固
各筆の土地の評価額を求める場合の地目のこと。土地の現況および利用目的に重点を置き、部分的に僅少の差異の存するときであっても、土地全体としての状況を観察して課税地目を認定する。なお、課税地目により、評価方法や課税標準額の方法が変わる。

課税標準（額）（p28,35）
課税要件の1つ。課税の対象となるものを具体的に金額または数量で表したもので、税額を計算する基礎となるもの。税額を計算する上での基準（額）のこと。

課税物件（p35）
課税要件の1つ。課税の対象となる物（または行為、事実）。課税客体と同義。

課税物件の帰属（p35）
課税要件の1つ。課税客体（物件）と納税義務者との結び付きのことで、課税客体（物件）が帰属した者が納税義務者となる。

課税明細書（p190） 固
土地または家屋に対して課する固定資産

税を徴収しようとする場合に、（納税通知書とは別に）納期限の10日前までに納税者に送付しなければならないもの。以下の事項を記載する。土地：土地の所在、地番、地目、地積、価格、課税標準額、軽減税額。家屋：家屋の所在、家屋番号、種類、構造、床面積、価格、課税標準額、軽減税額。

課税要件（p37）
納税義務の成立という法律効果が生ずる要件のこと。納税義務者、課税物件（課税客体）、課税物件の帰属、課税標準、税率の総称。

間接税（p33）
税金を納める義務のある人（納税者）と、税金を負担する人（担税者）が異なる税金。

簡素の原則（p43）
租税の基本三原則の1つ。税制の仕組みをできるだけ簡素にし、理解しやすいものにすること。

基準年度（p182）固
昭和31年度および昭和33年度並びに昭和33年度から起算して3年度または3の倍数の年度を経過したごとの年度。3年ごとに固定資産の価格（評価額）を見直す評価替えにおいて、その価格を見直す年度のこと。

均等割（p47）住
均等の額により課する市町村民税及び道府県民税。

区分所有（p178）固
分譲マンションのように、構造上区分された数個の部分で独立して住居や店舗等の用途に供することができる1棟の建物について、その各部分ごとで所有する形態のこと。

経年減点補正（率）（p162,187）固
家屋の建築後の年数の経過に応じて生じる（経年劣化に対応する）減価を評価に反映させること（その率）。

下落修正（p151）固
3年間は土地の評価額は据え置きという原則に対して、地価が下落し、かつ、市町村長が固定資産税の課税上著しく均衡を失すると認める場合に、基準年度の評価額を修正（時点修正）すること。

現況地積（p148）固
土地の実際の地積。

現況地目（p146）固
土地の実際の用途。

減免（p36,116,194）
基本的には租税の徴収の猶予や、納期限の延長を行ってもなお納税が困難であると認められる担税力の薄弱な者に対する救済措置として、納税者の申請によりその税額の全部または一部を免除するもの。法は税目ごとに減免の規定を定めているが、その多くは「天災その他特別な事情が生じたことにより税を軽減する必要がある者、貧困により生活のため公私の扶助を受けている者、その他特別の事情があるものに限り減免することができる。」と定められている。

公課証明書（p196）固
納税義務者その他の者（借地借家人等）から請求に応じて、固定資産課税台帳に記載された事項のうちこれらの者に関する固定資産に関する一定の事項を証明しなければならないとされているところ、その制度において交付する課税標準額（および税相当額）を証明するもの。

合計所得金額（p77）住
次の①と②の合計額に、退職所得金額、山林所得金額を加算した金額（損失の繰越控除を受けている場合は、その適用前の金額）。

①総合課税の事業所得、不動産所得、給与所得、総合課税の利子所得・配当所得・短期譲渡所得および雑所得の合計額（損益通算後の金額）
②総合課税の長期譲渡所得と一時所得の合計額（損益通算後の金額）の2分の1の金額
※申告分離課税の所得がある場合には、それらの所得金額（損失の繰越控除の適用前、長（短）期譲渡所得については特別控除前の金額）の合計額を加算した金額　※退職所得は、住民税では一般的に所得には合算しない

公示送達（p110）
その送達を受けるべき者の住所、居所、事務所及び事業所が明らかでない場合または外国においてすべき送達につき困難な事情があると認められる場合、地方団体の長が送達すべき書類を保管し、いつでも送達を受けるべき者に交付する旨を地方団体の掲示場に掲示することで、掲

示を始めた日から起算して7日を経過したときに書類の送達があつたものとみなすもの。

控除対象配偶者（p82）住
同一生計配偶者のうち、納税業務者の合計所得金額が1,000万円以下の場合の配偶者。

交付送達（p110）
地方団体の職員が、送達すべき場所（その送達を受けるべき者の住所、居所、事務所または事業所）において、その送達を受けるべき者に書類を交付すること。ただし、その者に異議がないときは、その他の場所において交付することができる。

公平の原則（p43）
租税の基本三原則の1つ。経済力が同等の人には等しい負担を求め（水平的公平）、経済力のある人には大きな負担を求めること（垂直的公平）。さらに、異なる世代を比較して負担の公平が保たれていること（世代間の公平）も意味する。

国税（p30,31）
国に納められる税金。課税主体が国である税金。

固定資産（p126）固
土地、家屋、償却資産の総称。

固定資産課税台帳（p199）固
土地課税台帳、土地補充課税台帳、家屋課税台帳、家屋補充課税台帳及び償却資産課税台帳の総称。

固定資産評価員（p158）固
市町村長の指揮を受けて固定資産を適正に評価し、かつ、市町村長が行う価格の決定を補助するため市町村に設置されるもので、議会の同意を得て選任されるもの。固定資産の評価を行い、評価調書を作成して、市町村長に提出しなければならない。これを受領した市町村長が固定資産の価格等を決定することになる。

固定資産評価基準（p144）固
法388条①の規定に基づき、固定資産の評価の基準並びに評価の実施の方法および手続を定めたもの。総務大臣が定め、告示する。市町村長はこの固定資産評価基準によって、固定資産の価格を決定しなければならない。

固定資産評価審査委員会（p198）固
各市町村に設置される機関。固定資産課税台帳に登録された価格について不服がある場合は、この委員会に審査を申し出る。固定資産の評価は技術性、専門性が高いため、評価額に対する不服については市町村長で処理する審査請求ではなく、専門性を有する独立した中立的な機関で審査、決定を行う。通称「固定審（コテイシン）」。

固定資産評価補助員（p158）固
市町村長が、必要があると認める場合において、固定資産評価員の職務を補助させるために選任するもの。通常、税務課職員が固定資産評価補助員となる。

さ行

再建築費評点数（p158,160）固
評価の対象となっている家屋と同一の家屋を、評価時点においてその場所に新築するものとした場合に必要とされる建築費を点数で表したもの。

差置送達（p110）
書類の送達を受けるべき者や補充送達における交付の相手方が送達すべき場所にいない場合、またはこれらの者が正当な理由がなく書類の受取を拒んだ場合に送達すべき場所に書類を差し置くこと。

敷地権（p179）固
区分所有建物である1棟の建物の敷地に関する権利。

敷地権割合（p179）固
区分所有者が有する敷地権の割合。「各専有部の（壁芯）面積÷専有部分の総床面積」で求められる。

資産課税（p31）
資産・財産に対して課税すること。資産の取得や保有に担税力を見出す税。

自主性の原則（p43）
地方税原則の1つ。地方自治体の課税自主権を尊重し、地方税の課税標準と税率の決定に自主性が認められるべきだとする原則。

質問検査権（p212）
徴税吏員が各税の納税義務者等に対して質問し、帳簿書類その他の物件を検査し、または当該物件の提示もしくは提出を求めることができる権限。

市町村税課税状況等の調（p39,55）住
総務省が全市町村（特別区を含む）を対象に市町村税の課税状況、徴税費および訴訟に関する事項等について、都道府県

を通じて照会を行い、その報告を集計編さんした統計資料。財政計画の策定や税制改正等を検討する資料となる他、地方交付税のうちの普通交付税の算定に用いる基礎数値としても利用される。

住宅用地特例（p152）固
住宅用地について税負担を軽減するために設けられた、課税標準額を減額する特例制度。

住民税の申告（p65）住
賦課期日（1月1日）の住所地の市町村に前年中の所得を申告する手続。ただし、次の①〜③に該当する者は、申告の義務はない（各種控除を受けるために、申告することはできる）。
①1月1日現在において給与の支払いを受けている者で給与所得以外の所得がなかった者
②1月1日現在において公的年金等の支払いを受けている者で公的年金等に係る雑所得以外の所得がなかった者
③所得割の納税義務を負わないと認められる者で、条例で定める者
なお、所得税の確定申告を行った者については、住民税の申告をしたとみなされ、別途住民税の申告をする必要はない。

縦覧制度（p201）固
市町村長は、毎年4月1日から、4月20日または当該年度の最初の納期限の日のいずれか遅い日以後の日までの間、土地価格等縦覧帳簿を当該市町村内に所在する土地に対して課する固定資産税の納税者の縦覧に、家屋価格等縦覧帳簿を当該市町村内に所在する家屋に対して課する固定資産税の納税者の縦覧に供しなければならないとする制度。

純損失の金額（p73）住
不動産所得、事業所得、譲渡所得および山林所得の損失について、損益通算してもなお控除しきれない損失の金額。

守秘義務（p24,213）
地方公務員に課される職務上知り得た秘密を漏らしてはならないとする義務。地方公務員法34条に規定されているが、法22条（秘密漏えいに関する罪）で地方公務員法よりも重い罰則規定が置かれている。また、退職後も守秘義務があるので、注意すること。

償却資産（p167,168）固
土地及び家屋以外の事業の用に供することができる資産のこと。より正確には、鉱業権、漁業権、特許権その他の無形減価償却資産を除き、その減価償却費が法人税法または所得税法の規定により損金または必要な経費に算入されるもの。ただし、取得価額が少額である資産その他の政令で定める資産も除く。また、自動車税の種別割の課税客体である自動車並びに軽自動車税の種別割の課税客体である原動機付自転車、軽自動車、小型特殊自動車及び二輪の小型自動車も除く。

償却資産課税台帳（p132）固
償却資産について法381条⑤に規定する事項を登録した帳簿。

状況類似地域（p183）固
土地（宅地）の評価額を市街地宅地評価法で算定するにあたり、最初に行う「大まかな」地域の区分で、おおむねその状況が類似していると認められる地域。通称「状類（ジョウルイ）」。商業地区、住宅地区、工業地区、観光地区等に区分し、その各地区について、その状況が相当に相違する地域ごとに区分する。

状況類似地区（p183）固
土地（宅地）の評価額をその他宅地評価法で算定するにあたり、最初に行う「大まかな」地区の区分で、おおむねその状況が類似していると認められる地区。また通称「状類（ジョウルイ）」。宅地の地区は、宅地の沿接する道路の状況、公共施設等の接近の状況、家屋の疎密度その他宅地の利用上の便等を総合的に考慮して区分する。また、田・畑、山林の評価額を算出する過程でも同様に、おおむねその状況が類似していると認められる地区に区分する。田・畑の状類は地勢、土性、水利等の状況を、山林の状類は地勢、土層、林産物の搬出の便等の状況を総合的に考慮して区分する。

消費課税（p31）
物品の消費やサービスの提供などに対して課税すること。財・サービスの消費に担税力を見出す税。

所得（p63,67）住
会社からもらう給料や商売で得たお金などから、必要経費を差し引いた残りの金額。

所得課税（p31）
個人や会社の所得に対して課税すること。個人の所得や法人の事業活動から生じる所得に担税力を見出す税。

所得割（p48） 住
所得により課する市町村民税及び道府県民税。

所得控除（p36,63） 住
納税者のさまざまな個人的事情（扶養している親族がいるとか医療費の額が大きいなど）を考慮して、所得の合計額から一定額を控除するもの。

所有者不明土地（p139） 固
相続登記がされないこと等により、「不動産登記簿等を参照しても、所有者が直ちに判明しない土地」または「所有者が判明しても、所有者に連絡がつかない土地」のいずれかの状態になっている土地。

所要の補正（p148） 固
市町村長が固定資産評価基準に定める補正率表や比準表そのまま適用せず「カスタマイズ」して適用すること。価格の低下等の原因が画地の個別的要因によること、またその影響が局地的であること等の理由から、その価格事情を路線価の付設または状況類似地域の設定によって評価に反映させることができない場合で、価格事情に特に著しい影響があると認められるときに行うことができる。

申告納付（p41,51）
納税者がその納付すべき地方税の課税標準額及び税額を申告し、及びその申告した税金を納付すること。

人的非課税（p192） 固
固定資産税の非課税のうち、固定資産の所有者の性格に着目した非課税。

制限税率（p35）
地方団体が課税する際に税率を定めるにあたって、それを超えることができない税率をいう。法律上定められている上限の税率。

税額控除（p90） 住
課税所得金額に税率を乗じて算出した所得割額から、一定の金額を控除するもの。

税額特例（p175） 固
税負担軽減措置の1つ。固定資産税および都市計画税額を減額すること。通称「軽減」。

税目（p28,30）
税金の種目、名称。

税率（p35）
課税要件の1つ。課税する金額に対して用いられる税額の割合。

総合課税（p64） 住
各種の所得金額を合計して税額を計算する課税の方式。

総所得金額（p77） 住
次の①と②の合計額（損失の繰越控除後）。
①総合課税の事業所得、不動産所得、給与所得、総合課税の利子所得・配当所得・短期譲渡所得および雑所得の合計額（損益通算後の金額）
②総合課税の長期譲渡所得と一時所得の合計額（損益通算後の金額）の2分の1の金額

総所得金額等（p77） 住
総所得金額に、退職所得金額、山林所得金額を加算した金額（損失の繰越控除後）。　※申告分離課税の所得がある場合には、それらの所得金額（損失の繰越控除後、長（短）期譲渡所得については特別控除前の金額）の合計額も加算した金額　※退職所得は、住民税では一般的に所得には合算しない

造成費（p147） 固
宅地以外の土地を宅地にするためにかかる費用。

相続財産管理制度（p136） 固
相続人全員が相続を放棄した結果として相続する者がいなくなった場合、または相続人の存在・不存在が明らかでない場合に、利害関係人等の申立てにより家庭裁判所が選任した相続財産管理人に、被相続人（死亡者）の債権者等に対して被相続人の債務を支払うなど清算を行わせ、清算後残った財産を国庫に帰属させる制度。

租税原則（p42）
どのような税をどのような理念に基づき課すべきかといった基準を原理原則として整理したもの。

租税体系（p30）
複数の税目の税が他の税の短所を補い、補完し合いながら相互に租税全体として一つの体系をなしていることを表す言葉。

租税法律主義（p28）
課税には議会を通した国民の同意が必要とされるという考え方（日本国憲法84条）。

た行

台帳課税主義（p133）　固
売買等により賦課期日現在すでに所有権が他に移転している場合においても、所有権の移転登記がなされていない限り、固定資産税は所有者として登記されている者（旧所有者）に課税されるとする考え方。

建替特例（p153）　固
賦課期日時点で住宅が建っていない場合は住宅用地特例は適用されないが、年をまたいだ建て替えで一定の要件を満たしている場合は住宅用地特例の適用対象となる。このことを通称「建替特例」と呼ぶ。

担税力（p44,76）
税を負担する能力のこと。

地積（p147）　固
土地の面積。

地方税（p30,31）
地方団体に納められる税金。課税主体が地方団体である税金。道府県税または市町村税。

地方税原則（p43）
地方税における租税原則。一般に、応益原則（応益性の原則）、安定性の原則、普遍性の原則、負担分任原則、自主性の原則の5つにまとめられる。

地方税条例主義（p28）
地方団体が課税をするためには、地方議会の議決を通じて住民の同意を得る必要があるとする考え方。

地方団体（p28）
道府県または市町村。

地目（p138,145）　固
土地の用途による区分のこと。

中立の原則（p43）
租税の基本三原則の1つ。税制が個人や企業の経済活動における選択を歪めないようにすること。

超過課税（p35）
標準税率より高く設定された税率により課税すること。

徴税吏員（p110,157,212）
道府県知事もしくはその委任を受けた道府県職員または市町村長もしくはその委任を受けた市町村職員。徴税吏員は、質問検査権を行使するときなど、その身分を証明する証票（いわゆる徴税吏員証）を携帯し、関係人の請求があったときはこれを呈示しなければならない。

直接税（p33）
税金を納める義務のある人（納税者）と、税金を負担する人（担税者）が同じである税金。

同一生計配偶者（p97）　住
前年の12月31日の現況で（前年の中途で死亡した場合は、その死亡の時）、次の4つの要件のすべてに当てはまる人。
①民法の規定による配偶者であること（内縁関係の人は該当しない）
②納税者と生計を一にしていること
③前年の合計所得金額が48万円以下（令和2年度以前は38万円以下）であること（配偶者の前年の合計所得金額が給与所得だけの場合は、給与収入が103万円以下であることとなる）
④青色申告者の事業専従者としてその年を通じて一度も給与の支払を受けていないことまたは白色申告者の事業専従者でないこと

登記（不動産登記）（p132）　固
土地や建物の所在・面積の他、所有者の住所・氏名などについて、民法や不動産登記法に精通した登記官（法務局職員）が登記簿に記録し、一般公開する制度。不動産に関する情報を登記簿に記録し、公示することで、国民の権利の保全を図り、不動産の取引の安全と円滑を図ることを目的とする。

登記地積（p147）　固
登記上の地積。

登記地目（p146）　固
登記上の地目。

特別徴収（p37）
徴収について便宜を有する者に徴収させ、かつ、その徴収すべき税金を納入させること。企業や年金保険者など「特別徴収義務者」が納税義務者の給与や年金から天引きという形で税金を預かり、まとめて納税をする方法。略して「トクチョウ」。

土地　固
田、畑、宅地、塩田、鉱泉地、池沼、山

林、牧場、原野その他の土地。

土地価格等縦覧帳簿（p201）固
土地の所在、地番、地目、地積、価格を記載した帳簿。課税標準額が記載されていない点に注意。

土地課税台帳 固
登記簿に登記されている土地について法381条①に規定する事項を登録した帳簿。

土地補充課税台帳（p132）固
登記簿に登記されていない土地（未登記土地）で地方税法の規定によって固定資産税を課することができるものについて法381条②に規定する事項を登録した帳簿。

特例（p152）固
税負担軽減措置の1つ。課税標準額を減額することにより固定資産税および都市計画税額を減額すること。

な行

名寄帳（p196）固
市町村内の土地および家屋について、同一の所有者の所有する土地または家屋に関して固定資産課税台帳に登録されている事項を所有者ごとにまとめて記載した帳簿のこと。市町村は土地名寄帳および家屋名寄帳を備えなければならないとされている。記載事項は以下のとおり。土地：納税義務者の住所および氏名、土地の所在、地番、地目、地積、価格等。家屋：納税義務者の住所および氏名、家屋の所在、家屋番号、床面積、価格等。

納税管理人（p111,191）
納税義務者が納税義務を負う市町村内に住所等を有しない場合において、納税に関する一切の事項を処理させるために定めるもの。これが設定されている場合、納税通知書等は納税管理人に送達する。

納税者
租税債務の確定した納税義務者（納税義務者に対して、納税の告知を行うことで納税義務が確定し、納税者となる）。

納税義務者（p35）
課税要件の1つ。租税債務を負担する者。

納税義務の承継（p61,135）
ある者について既に成立している納税義務が、他の者に受け継がれること。納税義務者が賦課期日後に死亡した場合、相続人が2人以上あるときは、各相続人は相続割合によりあん分して計算した額を

納付しなければならないこととなる。

納税通知書（p36,108,190）
納税者が納付すべき地方税について、その賦課の根拠となった法律及び当該地方団体の条例の規定、納税者の住所及び氏名、課税標準額、税率、税額、納期、各納期における納付額、納付の場所並びに納期限までに税金を納付しなかった場合において執られるべき措置及び賦課に不服がある場合における救済の方法を記載した文書で当該地方団体が作成するもの。通称「納通（ノウツウ）」。

納税の告知（p36,108,190）
納税者等から地方税を徴収しようとするときに、文書により事前に納付または納入の告知をしなければならないとするもの。

は行

非課税（p36,112,192）
地方団体が一定の事由がある場合に課税することができないとするもの。非課税は全国一律に適用され、地方団体に裁量の余地はない。

比準（割合）（p148）固
土地評価において、田・畑・山林および宅地（その他宅地評価法）それぞれで価格に影響を及ぼす要素を評価に反映させること（その割合）。

比準評価（p165）固
当該市町村に所在する家屋を構造・規模などの別に区分し、それぞれの区分ごとに標準とすべき家屋を標準家屋として部分別評価し、この標準家屋と比準家屋との使用資材・施工量などの差を考慮しつつ、比準家屋の再建築費評点数を求める方法。

評価替え（p182）固
3年ごとの基準年度に固定資産の価格（評価額）を見直す制度。

評価額（p126）固
固定資産評価基準により算出される固定資産の価格。土地・家屋の場合は3年ごとに評価替えを行い、それ以外の年度は原則据え置きとなる（例外として土地の下落修正がある）。宅地については、地価公示価格等の7割を目途として評価する。償却資産は毎年評価替えを行う。なお、固定資産税評価額と相続税評価額は別物である点に注意。

評価証明書（p196）固

納税義務者その他の者（借地借家人等）から請求に応じて、固定資産課税台帳に記載された事項のうちこれらの者に関する固定資産に関する一定の事項を証明すること、その制度において交付する評価額を証明するもの。

（固定資産）評価要領（p145）固

各自治体において固定資産評価基準をより具体化、詳細化するものとして定められるもの（評価実施要領、評価事務取扱要領など、名称はさまざまである）。

標準税率（p35）

地方団体が課税する際に税率を定めるにあたって、通常よるべき税率をいう。ただし、財政上その他の必要があると認める場合においては、これによることを要しない。

賦課期日（p40）

課税要件を確定させるための基準日。

負担調整措置（p155）固

地域や土地によりばらつきのある負担水準（今年度の評価額に対する前年度課税標準額の割合）を均衡化し、課税の公平の観点から講じられた税負担の調整措置。負担水準の高い土地は税負担を引き下げまたは据え置き、負担水準の低い土地はなだらかに税負担を上昇させることによって負担水準のばらつきの幅を狭めていく仕組み。※平成6年度の評価替えで、宅地の評価水準を全国一律に地価公示価格等の7割を目途とする「7割評価」が導入された際、それまで評価水準が市町村ごとにばらばらだったため、各宅地の評価額の上昇割合にもばらつきが生じた。この評価替えによって税負担が急増しないようにするため導入された

負担分任原則（p29）

地方税原則の1つ。地域に住む住民が共同体の運営のための負担を分かち合うという「地域の会費」的な性格を持つものであるという原則。

普通税（p30）

収入の使い道を特定せず、一般経費に充てるために課される税。

普通徴収（p37）

徴税吏員が納税通知書を当該納税者に交付することによって地方税を徴収すること。略して「フチョウ」。

物的非課税（p192）固

固定資産税の非課税のうち、固定資産の用途、性格に着目した非課税。

不服申立て（行政不服申立て）（p38）

公権力の行使について行政機関に対して不服を申し立て、その違法性や不当性を審査、是正を請求する手続きのこと。原則として、行政不服審査法に基づき、行政庁による処分（その他公権力の行使にあたる行為も含む）不服について、処分を行った行政庁（処分庁）や不作為に関係する行政庁（不作為庁）とは別の処分庁に対して審査請求する。なお、行政庁が法令に基づく申請に対して期間内に応答しない不作為についても対象となる。ただし、行政不服審査法上、他の法律に特別の定めがある場合を除くとされており、固定資産評価審査委員会制度がこれに該当する。

部分別評価（p160）固

再建築費評点基準表により家屋の部分（屋根・外壁・内壁など）別に再建築費評点数を求め、それらを合算して評点数を求める方法。

普遍性の原則（p43）

地方税原則の1つ。税収が地域的に偏在することなく、普遍的に存在するほうが地方税として望ましいという原則。

扶養親族（p82）住

前年の12月31日の現況で（前年の中途で死亡した場合は、その死亡の時）、次の4つの要件のすべてに当てはまる人。
①配偶者以外の親族（6親等内の血族および3親等内の姻族）または都道府県知事から養育を委託された児童（いわゆる里子）や市町村長から養護を委託された老人であること
②納税者と生計を一にしていること
③前年の合計所得金額が48万円以下（令和2年度以前は38万円以下）であること
※前年の合計所得金額が給与所得だけの場合は、給与収入が103万円以下であることとなる。④青色申告者の事業専従者としてその年を通じて一度も給与の支払を受けていないことまたは白色申告者の事業専従者でないこと

分離課税（p64）住

他の所得金額と合計せず、分離して税額

を計算する課税の方式。

法人税割（p50）住
法人税額を課税標準として課する市町村民税・道府県民税。

法定税（p30）
地方税法に定める税目。

法定外税（p30）
条例により新設される税目。

補充送達（p110）
送達すべき場所（その送達を受けるべき者の住所、居所、事務所または事業所）において書類の送達を受けるべき者に出会わない場合、その使用人その他の従業者または同居の者で書類の受領について相当のわきまえのあるもの（送達の趣旨を了解し、名宛人に交付されることが期待できる者）に書類を交付すること。

補正（率）（p148）固
土地評価（画地計算）において、宅地の奥行、間口、形状、街路との接し方等の価格に影響を及ぼす要素を評価に反映させること（その率）。

ま行

目的税（p30）
特定の目的のために課される税。

免税点制度（p174）固
零細な課税客体を捕捉、または課税しても徴税の事務の煩雑さや徴税費の増大に比べて税収入の増加はわずかな場合、徴税の合理化をはかる趣旨から、課税標準額が一定額未満のものについては課税しないこととする仕組み。

免税点（未満）（p174）固
免税点制度で免税となる、課税標準額の「一定額」の金額のことを免税点という。

や行

郵便による送達（p109）
通常の取扱いによる郵便・信書便で、その送達を受けるべき者の住所、居所、事務所または事業所に送達すること。相手方への到達が証明できる簡易書留、書留または配達証明など特殊な取扱いによることも可能であるが、納税通知書等の送付においては通常の取扱いによる郵便で差し支えないとされている。

ら行

連帯納税義務（p134）固
ある納税義務について、複数の納税者それぞれが全額の納税義務を負うこと。共有物に対する課税については納税者の連帯納税義務となる。仮に自分が持分割合等について納税していたとしても納税義務は消滅せず、他の連帯納税義務者が納税をしていなかったのであれば、その分の納税義務は残ることとなる。

路線価（p143,182）固
道路（路線）に面する宅地 1m² あたりの評価額。固定資産税評価で用いる路線価（固定資産税路線価）と相続税評価で用いる路線価（相続税路線価）は別物である点に注意。単に「路線価」という場合、一般的には相続税路線価を指すことが多い。

わ行

わがまち特例（p195）固
地域決定型地方税制特例措置の通称。国が一律に定めていた内容を、地方団体が自主的に判断し、条例で決定できるようにする仕組み。地方団体の自主性・自立性を一層高めるとともに、税制を通じて、これまで以上に地方団体が地域の実情に対応した政策を展開できるようにするという観点から、課税標準または税額の特例割合を条例で決定できることとするもの。

おわりに

「市税事務所配属初日の自分に贈りたい本を執筆する」

　私が本書を執筆する際に掲げた目標です。市税事務所（現市民税課）に配属された際、税についての知識がほぼゼロだった私は、研修を受講しても、書店に並ぶ住民税についての本を手に取って読んでみても、とても難解であまり理解することができませんでした。

　初めて税務課に配属される皆さんも、同じような状況ではないでしょうか。皆さんが最初に感じるこの困難を少しでも改善することができないかという思いで、初任者が読んでも理解できるようわかりやすく説明するよう心掛けました。

　税制は非常に奥が深いものであるため、限られた紙面では到底すべてを説明しきれていません。本書で学んだことを土台にして、それぞれが専門性を高めていく必要があります。

　本書を執筆するにあたりまして、多くの方から助言をいただきました。そのすべての方のお名前をここにあげることはできませんが、住民税部分については、神戸市の葛島由起子さん、固定資産税部分については、神奈川県相模原市の荻原元紀さんと岐阜県高山市の萩中洲太さんに原稿へのコメント、そして貴重な資料や情報を多くいただきました。また本書の中で使用したイラストの原案については、神戸市の鎌田照子さんに作成していただきました。ここに感謝の意を表します。

　本書が執筆当初の目標を少しでも達成できることを祈りつつ、筆をおきます。

2023 年 3 月

著者を代表して　原田　知典

●著者紹介

清原 茂史（きよはら しげふみ）

京都府長岡京市財政課課長補佐兼係長。大学（法学部）卒業後、IT会社に就職し、エンジニアやプロジェクトリーダーとしてシステム開発に従事した後、人材育成業務に携わる。2013年入庁。課税課（現税務課）資産税係で実務担当を6年経験。前職での経験を活かして入庁2年目から3年目にかけて固定資産税システムのリニューアル案件の主担当となり、導入後も業務改善を推進する。2019年度より現職。庁外では「オンライン市役所」で地方財政の勉強会を企画・開催している。

担当：1-1／第2章／第4章／5-1、2、4、5、6、7／COLUMN1、2、4、5

原田 知典（はらだ とものり）

神戸市税務部市民税課2G市民税担当。大学（国際関係学部）卒業後、貿易商社に就職し、医療機器輸入部門に従事した後、医療機器メーカーに転職し国内営業部門に従事。2010年入庁。教育委員会事務局などを経て、市民税課にて課税担当を6年経験。市民税課において、証券税制についての研修講師を毎年担当している。庁外では「オンライン市役所」で住民税課税事務の勉強会を企画・開催している。

担当：1-2、3、4、5、6／第3章／5-3／COLUMN3

自治体の課税担当になったら読む本

2023年4月18日　初版発行
2024年4月12日　3刷発行

著　者　清原 茂史・原田 知典
　　　　きよはら しげふみ　はら だ とものり

発行者　佐久間重嘉

発行所　学 陽 書 房

〒102-0072　東京都千代田区飯田橋1-9-3
営業部／電話　03-3261-1111　FAX　03-5211-3300
編集部／電話　03-3261-1112
http://www.gakuyo.co.jp/

ブックデザイン／佐藤　博　DTP製作・印刷／精文堂印刷
製本／東京美術紙工　イラスト／おしろゆうこ